英語多読法
やさしい本で始めれば使える英語は必ず身につく

古川昭夫

Furukawa Akio

小学館
101
新書

はじめに

　ABCから英語を学び始めた中学生が、海外留学もせず、ビジネス英語教材も使わずに、わずか3年足らずでTOEICテストで850点をとった——としたら、その中学生がどんなふうに英語の勉強をしていたのか、知りたいと思いませんか？

　TOEICテスト（国際コミュニケーション英語能力テスト）では、新入社員の平均スコアは460点、そして企業が海外部門の社員に求めるスコアは750点以上と言われています。私の主宰する学習塾SEGには、そのスコアをほんの3年ほどの英語学習で軽々と超えてしまった中学生がいるのです。

　それも、たった1人の特別優秀な生徒だけの話ではありません。中学1年から、SEGの英語クラスを受講した結果、TOEIC 800点以上のスコアをとった中3生・高1生は何人もいます。彼らは、いったいどのように英語学習をしているのか——それが、本書のテーマ、「英語多読」です。

　私が主宰する学習塾、SEG（Scientific Education Group、生徒数約3,000人）は、中学・高校生を対象に、英語、数学、理科の授業を行っています。そして、2002年から英語多読の授業を始め、現在約800人の生徒たちに対し、私を含めて23人の講師が多読指導を行っています。

　この英語多読の指導を始める前まで、私の専門は数学だけでした。実際、今でもSEGやほかの予備校で数学を教えています

し、受験数学の月刊誌『大学への数学』に25年にわたって連載記事を書いています。大学院博士課程まで進んで数学の教師となり、受験数学のプロと言われていた人が、なぜ英語多読に関する本を執筆しているのか、不思議に思う方も多いことでしょう。まずは、そのあたりのことからお話ししたいと思います。

　東京大学理学部数学科を卒業し、東京都立大学（現・首都大学東京）の大学院で、私はコンピューターに代数計算をさせる、数式処理という分野の研究をしていました。研究成果を論文として海外の雑誌に投稿したり、海外の学会で発表したりするため、英語でのやりとりが必要になります。論文そのものは、他人の論文を参考にしながら書いたものを先生に添削してもらって、何とか仕上げていました。しかし、学会で発表するとなると、話は別です。あらかじめ原稿を作っておけば発表はできますが、質疑応答ではうまく話せないため、「後で個人的に聞きに来てください」と言うのが精いっぱいでした。ランチや夜の懇親会などで話すとなると、相手の言っていることは3割ぐらいしかわからず、こちらの言いたいこととなると、さらに1割ぐらいしか言えないという状況で、バツの悪い思いを何度したことかわかりません。

　もちろん、大学に残ってプロの数学研究者になるつもりなら、必要性に迫られて英語の猛勉強をしたと思うのですが、すでに学習塾SEGの経営が軌道に乗り、数学教師として人生を送ることを決めていた私は、博士課程を修了するやいなや、英語とは

ほぼ無縁の生活を過ごしていました。

その後、1990年代、数式処理が教育の現場で利用されるようになり、数式処理の研究者と、現場の数学教師という2つの側面を持つ私は、日本の数学教育の学会で、数式処理を利用した数学教育について発表するようになりました。そして、1997年、アメリカ・オハイオ州立大学で開かれた、アメリカの中学・高校数学教師の研究団体 Teachers Teaching with Technology の研究集会に出席することになったのです。日本からの出席者は、大学からは一松信さん（当時・京都大学教授）、中学・高校の教師が4人、それに私の計6人でした。正直なところ、アメリカの数学教育の発表を聞いていて、内容的に日本のほうが進んでいると感じました。「もうちょっと英語が話せたら、あんなこともできる、こんなこともできる、と言えるのに」と、強く思ったのです。

最終日の前日、夜のパーティーでアメリカ以外の外国からの参加者全員が短いスピーチをすることになり、一松さん以下、私を含め、日本人数学教師が6人連続してスピーチをしました。私自身、何を話したか、まったく覚えていません。しかし、次にスピーチした、スウェーデン人の高校数学教師の最初のセリフだけは鮮明に覚えています。なんと、彼はこう言ったのです。

「私は100パーセント理解可能な英語を話しますので、皆さん、ご安心ください」(I speak a hundred percent understandable English, so please feel relieved.)

そして、会場が爆笑でどっとわきました。

　最初に思ったのは「はるばる東洋の国からわざわざアメリカまで来て、苦手な英語でスピーチした私たちに対して、あまりにも失礼だろう」ということです。「英語のスピーチ・コンテストに来たわけではなく、数学教育の話に来たんだぞ」と。

　そして、次に思ったのは「日本人の英語はそこまで通じないのか」ということです。「大学院まで卒業している6人が皆、うまく話せないということは、日本の英語教育システムに欠陥があるとしか思えない、この屈辱をこれからの若い人たちに感じさせてはいけない、これを何とかするのは大人としての責務、何とかしなければ」と、強く感じました。

　大学院生時代に参加していた数学の学会では、特に東欧やアフリカの出身者で、日本人と同じくらい英語ができない研究者は珍しくありませんでしたし、そもそも数式だけで証明のエッセンスはお互いに理解できるので、当時の私の英語力でも何とかなっていたのです。しかし、数学教育の学会となると、教育の仕方についての議論を英語で行うため、もう一段上の英語力が必要でした。そして、6人の日本人数学教師全員に、そこまでの英語力がなかったということなのです。

　実のところ、私自身、英語がそんなに好きなわけではありませんでした。それでも、有名な英語専門塾に通ったり、模試で英語成績上位者リストに名前が載ったりしていたので、特別、英語が

不得意なわけでもなかったのです。しかしながら、実際に海外に出てみると、中学・高校時代にやっていた英語の勉強は、いったい何のためだったのかと思わざるを得ませんでした。そして、自分は塾を経営しているのだから、「まず SEG で新しい英語教育を作らなければ」と決意したのです。

　そして、従来の文法・訳読方式に代わる効果的な英語学習法がないかといろいろ探しているときに、一冊の本に出合いました。それが、英語多読法の指導者、酒井邦秀さん（電気通信大学准教授）の『どうして英語が使えない？』（ちくま学芸文庫）だったのです。

　この本の宣伝文句は「『でる単』と『700選』で大学には合格した。でも、少しも英語ができるようにならなかった「あなた」へ」というものでした。まさに、単語帳のベストセラー『試験にでる英単語』（森一郎著、青春新書）と受験英語のバイブル『基本英文700選』（鈴木長十、伊藤和夫共編、駿台文庫）で大学に合格したけれど、英語が通じなくて困っている私にはぴったりの本でした。

　そのころ、酒井さんは、電気通信大学で学生にやさしい英語のリーダー（読本）を読ませる授業を行っていました。そして、酒井さんが原型を考案した「やさしい本から徐々にレベルを上げ、大量に英文を読む」という、SSS（Start with Simple Stories）方式の多読ルールに従い、私も Penguin Readers のレベル１

(本書で詳しく説明します)の本から多読を始め、イギリスの作家、ロアルド・ダールの児童書だけで100万語を読んでみました。

それまでも、映画を見た後、原作の小説を読みたくなって、ジョン・グリシャムの *Pelican Brief*（邦題『ペリカン文書』）などのペーパーバックを、片っ端から辞書を引きつつ読んだことはあったものの、1冊読み終えるのに1か月以上かかる状態でした。それが、児童書とはいえ、3か月ちょっとで100万語分の洋書を辞書なしで読むことができたのです。ちょうどスポーツクラブに通い始めたころだったので、ウオーキングマシンの上で、早足で歩きながら洋書の児童書を毎日読みました。平均1日1時間半、1日約1万語、100日間で100万語を読んだのです。実際に行ってみて、ウオーキングマシンで足を動かしながら本を読むことが英語の勉強になるのは、なかなか効率的だと思いましたし、1冊4万語の児童書を4時間程度で、辞書なしで読み終わるようになったのは、相当な進歩だと感じました。

その後は、月5万〜20万語、年100万〜200万語のペースで日常的に洋書を読み続けています。多読を続けて1年くらいたったころは、まだ英語をうまく話せるようになった実感がなかったのですが、SEGのあるアメリカ人英語講師と居酒屋で隣り合わせたとき、「英語が前よりずいぶんうまくなったが、英会話学校に通ったのか?」と質問されました。「いや、英語の本を読んだだけだ」と答えたら、「本当に、本を読んだだけなのか?」とびっくりさ

れたのを覚えています。

さて、このような経緯から、酒井さんに触発されて英語多読を始め、その効果を実感した私は、それを広めるべく、2002年にSEGで「中高生向け多読クラス」と「社会人向けのブッククラブ（多読図書貸し出しと多読指導をするクラブ）」を開設しました。これが、冒頭で触れた、TOEIC 850点のスコアをとった、中学3年生の通っているクラスの始まりです。

また、同時に、酒井さんに会長になっていただき、SSS英語学習法研究会（現在のSSS英語多読研究会の前身）を立ち上げ、英語多読の普及活動にも乗り出しました。SSSとは、先述のStart with Simple Stories（やさしいストーリーで［英語学習を］始める）の頭文字をとったものです。「多読は効果がある！」と確信したものの、まったく新しい学習法なので、多読を実践するためのインフラが整っていません。多読をするために必要な本の入手法や多読の進め方などの情報を受信・発信する受け皿が必要だったのです。そして、「多読が普及する→やさしい洋書が売れる→やさしい洋書が増える→多読が普及する」のサイクルを作ることを考えました。

こうして、SSS推薦英語多読セット（お勧めのやさしい洋書のセット）の企画、書評システムの作成、読書記録手帳の商品化など、多読に必要な周辺環境を整えた結果、『快読100万語！ペーパーバックへの道』（酒井邦秀著、ちくま学芸文庫）が

2002年に出版されると、多読はそれまでの英語学習法で成果を上げられなかった人々の間に、急速に広がっていきました。私が河手真理子さんとともに、100万語多読法について執筆した『今日から読みます 英語100万語！』（酒井邦秀監修、日本実業出版社）は、Amazon.co.jp の書籍売り上げ英語部門第1位を1か月以上記録しました。そして、この本をきっかけにたくさんの方からお手紙をいただくようになりました。

　最近も、親子で多読を実践している、ある母親の方から次のようなお便りが届きました。

　本屋で先生のご著書に出合ってから5年。洋書多読が子どもに与えた影響の大きさに驚き、大変感謝しております。息子が多読を始めたのは小2の春。先生のご著書に、目からうろこの思いで SEG のブッククラブを訪ねました。最初は週2回のペースで通い、親子で英語読書の魅力にすっかりはまってしまいました。
（中略）（息子は）小4の秋に300万語を達成、英検2級を取得しました。小5では *Harry Potter*（ハリー・ポッター）を読破。小5の秋に、ニューヨークから帰国した日本人の男の子が息子のクラスに転校してきました。彼は、日本語がまったくできませんでした。そこで息子は、彼の通訳や世話を半年間手伝いました。担任の先生も、クラスメートも、息子が英語を話すのを初めて聞いて驚いたそうです。（中略）現在は700万語を達成し、500冊

の洋書を読みました。イギリスの作家、アンソニー・ホロヴィッツが好きで *Diamond Brothers* シリーズを読み終えたところです。将来は、海外の大学へ進学することを考えているようです。多読が息子の人生に大きな影響を与えたことは間違いありません。貴重な経験を得られたこと、自分に自信を持てたこと、英語が可能性を広げてくれたことを感謝しています。

　お手紙には、息子さんがアメリカ人の子どもと文通をしていることや、イギリスでサマーキャンプに参加したことなども書かれていました。このように、英語多読を通じて、世界に視野が広がり、読めなかった英語の本が読めたことで自分に自信が持てるようになった、という声が、たくさんの多読経験者から聞かれます。

　高い英語力を身につけるためには、学校で行われているような文法の勉強も必要です。音読やシャドーイング（モデル音声に合わせて発声する）、筆写、問題演習などの学習法でも、十分効果が見込めるでしょう。

　しかし、①本を読むことで異文化に触れ、世界観が広がって、②自分に自信が持てるようになり、③読書を楽しむことで気楽に長期間続けられる、という3つの点で、多読に勝る英語学習法はありません。私は、多読を英語学習の軸に据え、文法やシャドーイングなどそのほかの学習を必要に応じて行うことを、本書で提案したいと思います。

まず、第1章で、夏目漱石や丸山眞男、伊藤和夫など、英語の先達らの主張を紹介し、それらと対比させながら、私たちが勧めるSSS方式の多読がどんなものであるかを説明します。第2章では、SEGの生徒たちの実例・データを挙げながら、皆さんの多読に対する疑問にお答えします。第3章では、どういうふうに多読をすれば英語力が伸びるのか、また、多読と並行してどんなことをすると効果的かを説明します。そして、最後の第4章では、具体的な本の選び方を中心に、自分に合ったスタート地点の決め方、レベルアップの見極め方などを解説します。

　いろいろな英語勉強法を試してみたのに長続きしなかった方、「多読」という言葉は聞いたことがあるけれど、どんな学習法なのかイメージがわかない方、多読を始めたものの壁に当たってしまった方、そして生徒の英語力が伸びないと悩んでいる英語教師や、自分の子どものためにどんな英語学習法がいいのか模索している方——本書が、そんな方々の一助となれば幸いです。

目次 | 英語多読法
やさしい本で始めれば使える英語は必ず身につく

はじめに 003

第1章　本当は誰でもできる英語多読 019

英語多読が
これまで認められなかった理由 020

英語の達人、夏目漱石も実践していた英語多読／丸山眞男も主張していた「英語多読のすすめ」／予備校のカリスマ、伊藤和夫の丸山批判

自分に合った本を使えば、
英語多読はできる 032

絵本なら何でもよいというわけではない!?／ネイティブ・スピーカーの幼児と同じレベルから／学習用絵本から始めれば、自然な英語が身につく

英語多読クラスで使用する図書 046

英語をまったく初めて学ぶ中1生はCDを活用／誰もが無理をせず、今の英語力から始められる!

第2章　本当に英語多読が効果的な理由 053

英語多読で語彙力が伸ばせるのか? 054

日本の教育現場からの多読批判／辞書を引かなくても、単語の意味はわかる／多読をする中で同じ単語に何度も触れる／知らない単語が全体の5パーセント以下の本を選ぶ

多読を通じて、
語彙知識を深める

066

1つの単語にも、たくさんの意味がある／やさしい英語を読んで「連語力」をつける／多読クラスの生徒はテストでも好成績！／初期段階や受験対策には、意識的な語彙学習の併用を／多読で語彙力をさらにアップさせる方法

多読と精読の間における
効果倍増の学習戦略

083

ただ大量に読むだけの多読では効果半減!?／英語多読の効果は「読書量と理解度」で決まる／理解度100パーセントの精読では効率が悪い

文法や単語より、
文脈を読み取る力を

097

英文を理解するときに必要な4つの力／文脈の中で読むことで文法知識が活かされる／高い文法知識がなくても、英文は理解できる／多読と文法学習は「車の両輪」

第3章　本当に力がつく多読の実践方法

109

楽しく気楽に英語を読むために

110

英語読書を「続ける」ための多読三原則／辞書は後から意味を確認するために使う

わかる単語を
つなげて理解するスキル　　116

文脈から、わからない語の意味を理解する／多読のときの英文リーディング法／多読はリスニング力アップや試験対策にも役立つ！／中学1年生から多読を始めてTOEIC 850点！

お仕着せではなく、自分で選んで読む　　129

自分が面白いと思う本を選ぶ／多読で、苦手な英語が"好き"になる／読書記録をつけ、多読という行為を可視化する／読書記録を参考に、自分に合った本を選ぶ

正しい指導によって英語読書の習慣を　　139

「自発的に読む」までもっていくのが多読指導／SEGの多読クラスの授業内容

第4章　本当に効果が出る、多読図書の選び方　　149

日本人に合わせた多読図書のレベル設定　　150

本選びの基準「読みやすさレベル」(YL)とは？／基本2,000語をマスターすれば英語は使える！／目標をこまめに設定して、300万語を達成しよう！

多読を始めるときに必ず読みたい本 　159

多読図書の種類／入門者・初級者は Leveled Readers から／学習用以外のお勧め絵本・児童書シリーズ／絵本や雑誌、manga、DVDも活用

どのようにレベルを上げていくか 　176

どこから読み始めるか、スタート地点を決める／自分の読書感覚と相談しながら／「キリン読み」で、読書への好奇心を満たす！／高いレベルと低いレベルを混ぜて読む「パンダ読み」／継続こそ力なり──多読を「勉強」から「楽しみ」へ！

謝辞──あとがきに代えて 　192

付録①
多読をするときに
最低限知っておきたい基礎単語300 　195

付録②
お勧め多読解説書・
多読図書問い合わせ先一覧 　203

本文図版・レイアウト／今東淳雄（maro design）

第1章

本当は誰でもできる英語多読

英語多読がこれまで認められなかった理由

英語の達人、夏目漱石も実践していた英語多読

「英語ができるようになりたい」

「もっと英語を上手にしゃべれるようになりたい」

「どうやったら英語ができるようになるのだろう?」

　本書を手にとった多くの方は、そう思っていらっしゃるのではないでしょうか。中学・高校からずっと苦労して英語を学んできたのに、「自分は英語ができない」「思うように英語が話せない」と感じていらっしゃる方が多いと思います。

　ところで、皆さんは、学校でどのように英語を学んできたのでしょうか。例えば、This is a pen. は「This =これ、is =です、a =1つの、pen =ペン」だから、「これは1本のペンです」というように、1語ずつ英語を日本語に置き換えて学んできた方が多いのではないかと思います。

　近年、リスニング (Listening) やライティング (Writing、英作文)、オーラル・コミュニケーション (「聞く・話す」を中心にした英語コミュニケーションの授業) といった授業も増えてきましたが、英語科目の中でも時間数の多い「読解」の授業では、多くの学校で、英語の長文を日本語に訳して読む「訳読」を行っています。生徒は予習をして、わからない単語を逐一辞書で引いて適切な

訳語を選び出し、日本語としてキレイな表現になるように訳しておきます。そして、先生は、生徒に訳を発表させて、文法的な説明を加えながら模範訳を提示します。つまり、学校の授業では、「英語を日本語に置き換えて理解する」練習をしているように思われます。

これに対して、本書で取り上げる「英語多読法」は、「英語を英語のまま理解する」練習をします。英文を訳さずに、英語のままたくさん読むことで、「英語を英語のまま理解する力＝直読直解力」を身につけ、なおかつ「英語で伝える力」を養成することを目標としています。もちろん、たくさんの本を読むためにそれなりの時間はかかりますが、わからない単語をすべて辞書で引いて、逐一単語の意味を確認しながら日本語に訳す必要はありません。

多読によって「英語を英語のまま理解する」練習をする理由（わけ）は、そもそもビジネスでも海外旅行でも、英語でコミュニケーションをとる場面において、日本語を介在させる必要はないからです。例えば、海外でお店の人に値段を聞きたければ、How much is it? や What's the price? (ともに値段を聞く表現、「おいくらですか？」という意味) と尋ね、相手から It costs 80 dollars. という返事をもらって「値段が80ドル」ということが理解できれば、そのやりとりが日本語でどういう訳になるかを考える必要はありません。

もちろん、レベルの問題はありますが、ある程度、英語を英語のまま理解して、英語で伝える能力さえあれば、国際社会で必

要なコミュニケーションは十分可能である、と私は思います。そして、英語を英語のまま理解できる力、および英語で考えて英語で伝える力が身につけられているかどうかが、「英語ができる・できない」の分かれ目ではないかと思うのです。

　実際、これまでも「英語ができるようになるためには多読が必要」ということは、夏目漱石以来、多くの英語達人や英語指導者が主張してきました。しかしながら、「訳読」ではない、つまり日本語に訳さない「英語多読」は、日本の英語教育界では、なかなか受け入れられてきませんでした。それはなぜでしょうか？

　ここでは、まず、これまでの日本の英語教育において、「直読直解」を身につける英語多読が受け入れられなかった理由から説明していこうと思います。

『坊っちゃん』や『吾輩は猫である』など、日本近代文学を代表する小説を数多く生み出した文豪、夏目漱石は、帝国大学文科大学（東大文学部）英文学科を卒業後、東京高等師範学校、松山中学校、第五高等学校などの教師生活を経て、1900年（明治33年）から3年間、イギリス留学を果たすなど、小説家となる前は英文学者・英語講師として活躍していました。

　漱石は、1906年『現代読書法』で、多読の有用性を次のように説いています。

> 英語を修むる青年は或る程度まで修めたら辞書を引かないで無茶苦茶に英書を沢山読むがよい、少し解らない節があつて其処は飛ばして読んで往つてもドシドシと読書して往くと終いには解るやうになる、又前後の関係でも了解せられる、其れでも解らないのは滅多に出ない文字である、要するに英語を学ぶものは日本人がちやうど国語を学ぶやうな状態に自然的習慣によつてやるがよい、即ち幾遍となく繰返へし繰返へしするがよい、チト極端な話のやうだが之も自然の方法であるから手当たり次第読んで往くがよかろう。
>
> 『現代読書法』(夏目漱石)

つまり、ある程度、英語力が身についたら、英語の本をたくさん読みなさい、というわけです。わからないところは飛ばして読んでいっても、前後の文脈から意味がわかるようになるから、辞書を引かずに繰り返し読め、と。興味深いのは、日本人が日本語を学ぶように日常の習慣として多読をせよ、と言っていることです。漱石が、言語習得には、「読む」ことが最も自然な方法だと考えていたことがわかります。

しかしながら、この漱石の説には、「ある程度」とあるように、英語を学び始めた入門者の多読は想定されていません。多読ができる域に到達するまで、どのような英語学習をすればよいのかということについて、漱石がどう考えていたかは、残念ながら

わかりません。ひょっとしたら、前述したような、現在学校で行われている「訳読」学習を想定していたのかもしれません。

　また、当時の英語学習環境を考えても、おそらく英語を読むための素材は、現在ほど豊富にはなかったことでしょう。洋書の価格も、今とは比較にならないほど高かったと思います。したがって、多読のための本は、文学や評論などの原書が中心だったのではないかと想像できます。これでは、いくら多読がよいと言われても、私たち一般の学習者が実践するには難しかったと言えるでしょう。

丸山眞男も主張していた「英語多読のすすめ」

　漱石が亡くなる2年前、1914年に生まれた、政治学者の丸山眞男も英語の多読を勧めています。『日本の思想』などの著書があり、思想家としても多くの影響を後世に残した丸山眞男は、1949年に「勉学についての二、三の助言」という文章を『大学生活』（天野貞祐編、光文社）に寄稿しており、その中で英語学習について、漱石と同じく、英語を身につけるためには、一度読んでわからないところがあっても気にせずに読む「多読」が大切だと主張しています。

> 　外国語をマスターするのに一ばん大事なことは、外国語のスタイル或はさらにはつきり言つてしまえば、外国語の「癖」に慣れることです。それにはなんといつても多読するのが第一で

すが、多読といっても実際問題としては自からかぎりがあります。そこでまずおすすめしたいのは、何でもいいから自分の実力で比較的容易に読める本を選んで、それを頭から読んで行くのです。という意味は、――文法を考えたり、この関係代名詞はどこにかかるかというようなことを一切考慮しないで、英（独仏）語から直接内容を理解するようにつとめることです。

「勉学についての二、三の助言」
（丸山眞男、『戦中と戦後の間 1936-1957』所収、みすず書房）

丸山は、英語ができるようになるためには、学校の授業で行われているように、文法構造を検討しながら日本語に訳すのではなく、英語を英語の語順のまま直接理解することを主張し、そのために英文をたくさん読むことが必要だと言っています。しかも、これは1949年に書かれたものです。今から半世紀以上も前から、日本を代表する思想家の1人が、英語多読の重要性をすでに主張していたのです。

さらに、丸山は、高校英語で必ずと言っていいほど行われている「英語構文」の暗記についても批判しています。

それにどういう場合に一定の語法をつかうかということも自然におぼえられて来るはずです。卑近な例を挙げていえば、butという字には「しかし」という意味と、否定をうけて「何々ではな

くして」という意味と、それからexceptという意味とがある、というふうに抽象的におぼえたのでは実際文章でぶつかった場合に一つ一つをあてはめてみないと分らないわけです。ところが平常棒読みをしていれば、そういう操作を経ないで、文章のつづき具合からして直ちにそのどの場合かが明らかになり、ほかの読み方をしようと思つても不自然でとうてい出来ない筈です。これがつまり言葉の「癖」に慣れるということです。近頃は中学生ならともかく高等学校(旧制*)の学生のうちにも、フレーズの「公式」を集めたようなものを暗記している学生を見かけるのですが、あんなことは愚の骨頂で、そんな暇があつたら何でもまとまつた論文なり小説なりを一冊でも多く読んだ方がはるかに実力がつきます。

「勉学についての二、三の助言」(同前)
*現在の大学1、2年生に相当(筆者注)

butという単語には、接続詞として「しかし」という逆接を示す意味だけでなく、「AではなくてB」というときの「~ではなくて」という意味や「~を除いて、~以外は」という意味など、その文脈によって複数の意味があります。

それらの意味を、1つ1つ日本語で覚えていただけでは、文章の中でその単語があったとき、「これはbutの中のどの意味だろう?」と、まさに辞書から単語の意味を選び出すように考えなけ

ればなりません。そこで、適当に選んでしまえば、日本語としても理解できない訳になってしまいます。しかし、たくさんの英文を読んで、but の使われるときのパターンに慣れていれば、文の流れから自然に意味がつかめるようになっているのだ、ということです。

　例えば、but が「A ではなくて B」という意味で使われるときは、It is not blue, but black.（それは青でなくて黒だ）というように、必ずそれぞれ A と B に当たる同じ形をした表現があるものです。ここでは A = blue、B = black ですが、この A、B がそれぞれ長い語句になっていることもまれではありません。そういうときでも、多読で数多くの用例に当たって「英語の癖」に親しんでいれば、わからない単語があってもたやすく理解できるようになると丸山は主張しているのです。

　単語を覚えるときでも、「sincerity = 誠意、誠実さ」と機械的に単語だけを覚えるよりは、She was attracted to his sincerity.（彼女は彼の誠実さに惹かれていた）という文で学んだほうが、言葉の意味がわかりやすく、記憶にも残りやすいものです。

　さらに、この一文だけでなく、前後に話の流れがあって「彼女は身分の低い彼をバカにしていたけれど、ある事件をきっかけに、彼の sincerity（誠実さ）に惹かれて恋心を抱くようになった」という文脈の中で sincerity を学んだほうが、はるかに記憶に残りやすいでしょう。多読学習法とは、単語や短文で英語を理解するのではなく、英語を全体の文脈の中で理解していこう、というも

のなのです。

　しかしながら、英語を学ぶには、英語構文や英単語を丸覚えするよりも「まとまつた論文なり小説なりを一冊でも多く読んだ方がはるかに実力がつきます」という丸山眞男の主張は、核心を突いているにもかかわらず、多読は英語学習法として広がりませんでした。

　明治の英語達人、夏目漱石の主張を受け継いだ、この丸山の主張は、当時と比べれば洋書が手に入りやすくなった現代においても、高校や予備校の教師には受け入れられなかったのです。いったい、なぜでしょうか？

　では、次の項で、その代表的な批判を紹介しましょう。

予備校のカリスマ、伊藤和夫の丸山批判

　伊藤和夫は、1953年に東京大学文学部哲学科を卒業後、大手予備校、駿台予備学校の主任講師として活躍し、『基本英文700選』（共著、駿台文庫）『英文解釈教室』（研究社）などの英語参考書を執筆、「受験英語の神様」とまで言われた方です。「書いた原稿1万ページ、売れた本1,000万冊、教え子100万人」と伝えられており、受験英語のみならず、日本の英語教育全体に非常に大きな影響を与えました。

　伊藤は、丸山眞男の「英語は多読の直読直解で」という主張に対し、自著で次のような反論を展開しています。

たしかに、一部少数の最優秀の学生は、どんなに複雑な現象の中からも自分の力で意識的無意識的に法則を見出してゆくことができる。しかし、大多数の学生は、「一度読んで分からぬところがあっても、それに拘泥しないで、もう一度そのパラグラフのはじめから、少々テンポを落してゆっくりと読み直す、それでも分らなければ更にゆっくりと読み直し」（前掲書＊）たところでわからぬことは同じだし、「自分の実力で比較的容易に読める本」など、はじめからないから困っているのである。英文の意味がわからない場合、形態からする分析（もちろん、それがすべてだと言うのではない）によって正しい理解に近づくことは可能だし、英語はその種の法則性を含んだ言語なのである。たくさんやっていればそのうちわかるようになると言う人は、その「たくさん」がどれだけ厖大な量なのか考えたことがあるのだろうか。可能な場合には法則から現象を理解させるのでなければ教えるというに値しない。

『予備校の英語』（伊藤和夫、研究社）
＊「勉学についての二、三の助言」（丸山眞男）のこと（筆者注）

　英語ができない者にとっては、何度、意味のわからない英文を眺めてみたところで、ある日突然わかるようになるという奇跡が起きないということは、伊藤の言うとおりです。そして、確かに、一読してわからない文があったとき、英語の法則性、つまり、文法知

識から意味をつかむことができる場合もあります。伊藤は、膨大な量の英語をひたすら読むよりは、文法を理解して読み解くほうが手っ取り早いと考えており、多読によって直読直解できる英語力が身につくことを、否定はしていないものの、そもそも多読を実践できるレベルの本がないと指摘しています。

　丸山が教壇に立っていた東大を目指す優秀な予備校生だけでなく、簡単な英文を読むことさえ苦労する生徒まで数多く指導してきた伊藤の指摘は、丸山の主張の弱点を突いています。また、大学受験を目標として英語を学び、教える、多くの高校生や高校教師は、伊藤の考え方に共鳴し、今でも高校や予備校のほとんどの英語教師が、英語の多読は時間の無駄であるという伊藤の考え方に近いと言ってよいでしょう。読者の皆さんにも、今なお、同じような考えの方がいらっしゃるのではないでしょうか。

　残念ながら、丸山が主張している「たくさん」が、具体的にどのくらいたくさんであるかは、私の調べた限りではわかりません。丸山は英語教育の専門家ではなかったので、おそらく、そのようなことまでは考えていなかったのでしょう。

　しかし、伊藤の言うように、英語を始めたばかりの学習者にとって「自分の実力で比較的容易に読める本」は本当にないのでしょうか？　そして、英語がマスターできるほど「たくさん」読むことは、本当にできないのでしょうか？

　伊藤の多読批判は一見もっともなのですが、実は大きな欠点

があります。というのは、英語の初学者にも「自分の実力で比較的容易に読める本」は多数存在するからです。確かに、英語圏の大人向けの本ではありませんが、子ども向けの本であれば、日本の中学生でもラクに読めるものがたくさんあるのです。

漱石にしても丸山にしても、当時の多読推進派が想定していた洋書は、おそらく、大人のネイティブ・スピーカーが読むのと同じ、普通のペーパーバックだと思われます。アガサ・クリスティーやチャールズ・ディケンズといった有名作家による一般の小説は、確かにその内容は魅力的ですが、基礎文法を習い終えたばかりの普通の高校生にとっては、語彙や表現などのレベルが高く、とても理解できるものではありません。実際には、東大生や国立大医学部の学生といえども、多くの場合、語彙不足から歯が立たないのが現状です。読者の皆さんにも、英語の学習として、試しに海外のペーパーバックや英字新聞を読んでみようと手にとったものの、途中で挫折してしまった経験のある方が大勢いらっしゃるのではないでしょうか。

現在の一般的な英語教育の下では、高校を卒業して、一般知識や思考概念は大人並みになったといっても、それを英語で理解する力については、まだまだという方が多いと言わざるを得ません。高校卒業程度の英語力で、いきなり大人のネイティブ・スピーカーが読むようなペーパーバックに取り組むのは、どうしても無理があります。伊藤も、洋書と言えば、大人向けペーパーバ

ックのことしか頭に浮かばなかったのでしょう。そのため、丸山と違って、大学受験生がやさしいペーパーバックですら読めないという現状を知っていた伊藤は、普通の高校生が「『自分の実力で比較的容易に読める本』など、はじめからない」と喝破したのだと思われます。

確かに、伊藤が英語を教え始めた時代には、英語圏の子ども向けの絵本は、日本に住む英米人のために輸入されているものだけでした。したがって、非常に高価な存在で、数も種類も限られていました。伊藤が「比較的容易に読める本などない」と信じ込んだのは無理もないと思います。もし、伊藤が、もう30年遅く生まれ、今日あるような豊富な多読図書を見たら、きっと考えを変えたことでしょう。

自分に合った本を使えば、英語多読はできる

絵本なら何でもよいというわけではない!?

さて、英語初心者にも読める絵本を使えば、多読は英語初心者でも可能です。ただし、注意しなければならないのは、多読学習を始めるときに読む絵本の選び方です。実は、子ども向けの絵本なら何でもいい、というわけではありません。

例えば、皆さんは、絵本作家、ビアトリクス・ポター（Beatrix Potter）の有名な『ピーターラビットのおはなし』（*The Tale of*

Peter Rabbit) シリーズをご存じでしょうか？　愛らしいイラストで多くのファンを持つ Peter Rabbit は、一度、原作を読んでみたいと思っている方も多いのではないかと思います。

　最近は、海外の絵本も日本で気軽に買えるようになったためか、私たちの勧める SSS（Start with Simple Stories）方式の英語多読とは別の形で、絵本による英語学習を勧める指導者・英語学習法も増えてきました。そういった主張をしている本の一冊、『これが正しい！　英語学習法』（斎藤兆史著、ちくまプリマー新書）では、中学生でも読めるお勧めの絵本として、この Peter Rabbit シリーズが挙げられています。

　しかし、これは、中学での英語教育の現状を知らない方の暴論と言わざるを得ません。実際に、SEG の生徒たちを見ても、中学生で Peter Rabbit を楽しめる英語力を持つ生徒は、非常に少ないと思われます。

　例えば、Peter Rabbit の第 1 巻の 34、35 ページを引用してみましょう。次ページを見てください。

　ウサギの Peter が、農家の McGregor さんの畑におやつを食べに行ったところ、McGregor さんに見つかり、追いかけられて逃げるうちに、靴を落としてしまいます。ここは、その次のシーンです。絵本には、スグリの木の網に上着のボタンが引っかかって、逆さまになった Peter が描かれています。

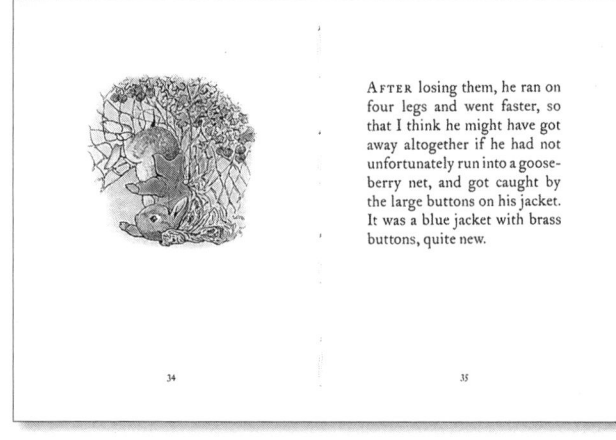

The Tale of Peter Rabbit, Beatrix Potter, Frederick Warne & Co.

After losing them, he ran on four legs and went faster, so that I think he might have got away altogether if he had not unfortunately run into a gooseberry net, and got caught by the large buttons on his jacket. It was a blue jacket with brass buttons, quite new.

［筆者訳］それら（靴）をなくしてしまい、彼（Peter）は4本足で走り、（靴を履いていたときよりも）速く走りました。もし、不幸にもスグリの木の網に飛び込まなければ、そして上着の大きなボタンを（網に）引っかけなければ、うまく逃げおおせたかもしれなか

ったのに。真ちゅうのボタンが付いた青い上着は、まったくの新品だったんですよ。

　皆さんは、すぐ意味がとれたでしょうか？　読解のポイントをあえて挙げるとすれば、最初は、前置詞 after の後に「失う」という意味の動詞 lose の現在分詞 losing が続く形です。そして、「結果」の意味を表す接続詞 so that（それで、だから）があり、さらに if he had not ... という「仮定法過去完了形」が使われています。これらは、すべて高校で学ぶ文法項目で、比較的難易度の高いものです。これらのポイントだけでも詳しく解説すれば、1時間程度の講義ができてしまいます。

　また、run on four legs（4本足で走る）、go faster（より速く進む）、get away（逃げる）、altogether（すっかり、まったく）、unfortunately（不幸にも）、gooseberry（スグリの木・実）、get caught by ...（～によって捕まる）、brass（真ちゅうの）など、たった40数語ほどの英文であっても、なかなか高度で手応えのある語彙や表現がたくさん含まれています。

　そして何よりも大変なのは、最初の一文がとても長いということです。After から his jacket で終わるまで41語もあります。中学3年生の平均的英語力では、40語以上の単語が並んでいる一文を頭から読んで理解するのは、至難の業と言わざるを得ません。

【第１章】　本当は誰でもできる英語多読　｜　35

確かに、イラストのおかげで、Peterが網に引っかかって逃げられなくなったことぐらいは理解できるでしょうが、イラストがなければ、いくら中学3年生でも、まったく歯が立たないのではないでしょうか。Peterのイラストだけでも物語は楽しめるかもしれませんが、イラストだけを見て一冊読み終えても、英文を理解できないのでは、英語学習の役には立ちません。英語力を伸ばすためには、Peterの逃げる様子や上着のディテールについても、英文をしっかり読んで理解する必要があるのです。そして、そのような点を理解してこそ、Peter Rabbitの世界を本当に楽しめるのだと思うのです。

　このように、児童向けに書かれた絵本が、必ずしも英語のレベル的にやさしいとは限りません。むしろ、Peter Rabbitのような、味わいのある英語表現にあふれた文学的な絵本は、英語初級者が楽しむには不向きです。ある程度、語彙や表現を身につけた中・上級者が読んで楽しむ本なのです。

　ペーパーバックもダメ、Peter Rabbitのような絵本もダメとなると、英語を始めたばかりの学習者は、何を読んだらいいのでしょうか？　それが、次に紹介する、ネイティブ・スピーカーの子どもや非英語圏の英語学習者向けの「学習用リーダー（読本）」なのです。では、次ページから、これまでとは違う、新しい英語多読に適した本について説明していきましょう。

ネイティブ・スピーカーの幼児と同じレベルから

　ペーパーバックや通常の絵本は難しすぎますが、英語圏の子どもたちに言葉を教える、つまり国語（＝英語）を学ぶ幼児向けの「学習絵本」、あるいは非英語圏の英語学習者が外国語としての英語を学ぶための「学習読本」なら、日本人の英語の初心者でも「比較的容易」に読むことができます。ここで、それらの英語多読に最適な本について詳しく説明しましょう。

　「英語多読」を始める際に読む本には、今述べたように、大きく分けて２種類あります。

　１つ目は、ネイティブ・スピーカーの子どもが母語である英語を学ぶために、小学校などで使っている学習用の絵本です。日本では、よく Leveled Readers（レベルド・リーダーズ）と呼ばれています。多くの場合、Leveled Readers は数冊〜数十冊のシリーズ構成になっており、読む子どもの英語力に合わせて、いくつかのレベルに分けられています。

　最も低いレベルでは、毎ページ、数語の単語からなる短文にイラストが添えられており、１冊は８〜16ページ程度です（39ページ写真上参照）。そこから、だんだんレベルが上がるにつれ、載っている単語や文の長さも少しずつ増えていきます。また、子ども向けの学習用絵本なので、おなじみの童話や幼児・小学生が主人公の物語、また、イギリスやアメリカの歴史、偉人の伝記、算数や自然科学の基本的な知識を学べるものが中心になってい

ます。

　もう1つは、英語を母語としない英語学習者用の Graded Readers（グレイディッド・リーダーズ）という段階別読み物のシリーズです（次ページ写真下参照）。grade は「等級分けする」という意味の動詞で、段階分けされた読み物ということです。

　Leveled Readers も段階分けされた読み物なので、Graded Readers の一種であり、以前には、Leveled Readers を「母語話者向け Graded Readers」、Graded Readers を「英語学習者向け Graded Readers」と呼んでいた時期もあるのですが、紛らわしいので、現在、日本の多読学習の現場では、英語圏の児童向け段階別読み物を Leveled Readers（LR）、外国人学習者用の段階別読み物を Graded Readers（GR）と呼んで区別するのが主流となっています。したがって、本書でも、この呼び方で区別します。

　Graded Readers は、一定の年齢になってから、外国語として英語を学ぶ人を対象に作られているので、最初のスタート・レベルは Leveled Readers ほど低くありません。また、必ずしも子ども向けというわけではないので、内容的にはミステリーや恋愛ものなど、大人でも十分楽しめるエンターテインメントまで扱われています。

ネイティブ・スピーカー向けの学習用絵本 Leveled Readers の1つ、
Oxford Reading Tree シリーズ（オックスフォード大学出版局）

英語学習者向けの英語読み物 Graded Readers の1つ、
Foundations Reading Library シリーズ（センゲージラーニング）

【第1章】 本当は誰でもできる英語多読

近年、イギリス・アメリカをはじめとする先進国はどこでも、子どもの読書離れが目立ってきており、その対策として幼稚園児から小学校低学年を対象とした Leveled Readers がたくさん発行されるようになりました。また、英語圏以外からの移民の子どもも増えており、移民も含めて、国語（＝英語）が得意でない小学校高学年や中学・高校生向けの Leveled Readers も発行されてきています。これらの読み物は、英語学習のために書かれているので、基本的な単語が何度も登場して、自然に覚えられるように工夫されています。また、内容も、それなりに読み応えのある内容になっていますので、利用しない手はありません。

　また、英語学習者用の Graded Readers も、以前はペーパーバックより一段階やさしい程度の中・上級者レベルが中心でしたが、最近の英語教育研究の成果を反映し、初級者でも読みやすく工夫されたリーダーが充実してきています。

　さらに、これらの２つには、テキストだけでなく、本文を朗読した CD が付属していることもあります。目で文字を追うだけでなく、単語の発音やイントネーションを確かめながら読んだり、CD の音声に合わせて音読したりしながら、読書を進めることができるので、リスニングやスピーキング学習にも役立ちます。特に英語を学び始めたばかりのころは、多少時間がかかっても、文字と音声の両方に触れていくことが重要です。

　これら２種類のシリーズは、ともにイギリスやアメリカを中心とし

た英語圏の教育系出版社が製作・販売しているものです。日本でも、洋書を取り扱っている書店やインターネットで購入できるのですが、まだまだ、ごく一部の熱心な英語指導者・英語学習者にしか使われていないのが現状です。

したがって、これらのシリーズを手にとって見たことがない方にとっては、伊藤和夫が主張してきた「英語多読批判」が正しく思えるのも当然かもしれません。しかし、英語初心者にも直読直解で読める本がたくさんある以上、私は、やはり日本での英語教育も、ネイティブ・スピーカーの学習用絵本と英語学習者用のやさしいリーダーを積極的に活用すべきだと思います。そして、段階的にレベルが上がっていくLeveled ReadersやGraded Readersを、やさしいものから順番に、たくさん読んでいくのが最もよい方法だと考えています。これが、SSS方式の英語多読法なのです。

学習用絵本から始めれば、自然な英語が身につく

では、実際の本を見ながら、Leveled Readersをはじめとする学習用絵本で英語を学ぶ利点を説明しましょう。ここでは、Leveled Readersの中でも最も人気のあるシリーズ、Oxford Reading Tree(オックスフォード・リーディング・ツリー、オックスフォード大学出版局、165ページ参照)というシリーズの最初のレベル、Stage 1の *Is It?* という本の一部を使います(43ページ

掲載)。ちなみに、この学習絵本シリーズは、イギリスの8割以上の小学校で使われています。

さて、この絵本では、1つの絵に対し、1つの英文が対応しています。最初のページに書かれている文は、Is it Kipper? です(①)。この「Is it Kipper? という英文がわかる」とは、どういうことでしょうか?

今までの学校での学び方では、Is it . . . ? という形から教わります。おそらく、皆さんも、教科書で Is this a pen? (これはペンですか?) や It is a pen. (それはペンです) などという例文を使い、it =「それ」という意味の代名詞、is =「〜である」という意味の動詞 (be 動詞) として教わった記憶があることでしょう。中には、It is an apple. (それはリンゴです)、It is an orange. (それはオレンジです) などと、it is の後に、さまざまな名詞を入れ替えて練習した人もいるかもしれません。

いずれにせよ、it が主語で、is が述語動詞。それを入れ替えて、Is it Kipper? とすれば、「それは Kipper ですか?」という疑問文ができる、ということを学んだはずです。ちなみに、Kipper (キッパー) とはこの本に登場する男の子の名前です。

実際には、この程度の短い文であれば、このように細かく分析することはありませんが、従来の学習どおり、文法から英文を理解するには、主語が何であるか、動詞が何であるかをきちんとおさえ、文の各パーツ (主語や述語動詞など) の役割をきちんと理

解していく必要があります。

　これに対し、絵本を使って英語を学ぶときは、ページに描かれている絵と一緒に文全体の意味を考えながら理解していきます。

　実際のページを見てみましょう。下の①では、ピエロのような格好をした男の子が棒に足をかけ、逆立ちのような格好をしています。お父さんとお母さんがそれを見ているところです。英文としては「Is it Kipper?」と書かれていますね。

Oxford Reading Tree Stage 1: *Is it ?*, Roderick Hunt and Alex Brychta, Oxford University Press（オックスフォード大学出版局）, © 2008

前ページの②を見てください。その男の子が顔を見せてくれました。お父さんとお母さんは拍手をしています。そして、It is Kipper. と書いてあります。

　つまり、①では、Is it Kipper?（それ、キッパー?）と読み手に対して尋ねており、②で、Kipper が顔を見せて、It is Kipper.（キッパーだよ）と、正解だったね、と言っているのです。

　さらに、次の③を見ると、Is it Biff? と同じように尋ねています。Biff（ビフ）は Kipper のお姉さんです。そして、④では、Biff が仮装を脱いで顔を見せ、It is Biff. と答えています。次の⑤以降も、同じように続きます。

　最初に Kipper や Biff という名前を知っておく必要があるかもしれませんが、このやりとりを見ていけば、it や is を知らない子どもでも、あるものを指して Is it ○○ ? と尋ね、It is ○○ . と答えるという表現パターンが、自然にわかってきます。

　むしろ、学校の教科書で It is a pen.（それはペンです）などと、公式のような一文を日本語に置き換えながら学ぶよりも、「変装した子どもが顔を見せる」というちょっとしたストーリーを通じて学ぶほうが、この It is ○○ . という言い方をより生き生きとした言葉として感じられるのではないでしょうか。

　もちろん、この本を 1 冊読んだだけで、it や is の使い方がすべてわかるとまではいきません。しかし、このようなやさしい絵本をたくさん読みながら、学校の授業で行われるような代名詞の it

や動詞の is の説明を聞けば、it や is を生きた英語の一部として理解できるようになるでしょう。日本語とは違って、英語には必ず文に主語があることや、名詞が代名詞で言い換えられることなども、意識しなくても理解できるようになります。

ここで紹介した Oxford Reading Tree のように、英語を学び始めたばかりの中学1年生でも比較的簡単に読める本が今ではたくさんあります。毎年、毎年、日本で入手可能な「やさしい英語の本」は、増える一方です。そして、このような本で英語読書を始めれば、誰でも最初から直読直解で英語を学んでいくことが可能なのです。

ちなみに、日本の英字新聞『ジャパン・タイムズ』(*Japan Times*)の元編集局長、伊藤サムさんと直接会ったときに聞いた話ですが、ジャパン・タイムズの新人記者の方たちも、英語の writing(執筆)が得意でない人は、英語研修の一環として Oxford Reading Tree から多読を始めたそうです。やさしい英文をたくさん読むことの重要性は、実際に英語を使う職場ではきちんと理解されているのです。

それでは、私の主宰する SEG での英語多読クラスで使用している多読図書とその基本的な使い方を、
①まったく初めて英語に触れる中学1年生の場合
②ある程度、英語に慣れてきた中学2年〜高校2年生の場合
　という、2つのケースに分けて、説明していきましょう。小学生

を対象に多読をする場合には、読み聞かせやゲームなどで語彙や表現を増やす期間を設けるといった工夫が必要になりますが、中学1年生対象の方法とほぼ同じように多読を進めることができるでしょう。また、大人の場合には、②の中2以上の場合とまったく同じ方法で多読を進めることができます。

英語多読クラスで使用する図書

英語をまったく初めて学ぶ中1生はCDを活用

　SEGの英語多読クラスは、中学入学を控えた小学6年生対象の「中1多読多聴入門」という3日間の春期講習からスタートします。この講習には、小学校のとき、まったく英語をやっていなかった生徒もたくさん参加しています。

　ここでは、先に挙げたネイティブ・スピーカーの子ども向けの本、Leveled Readers を使用します。Leveled Readers の最初のレベルには、英語に触れるのがまったく初めてでも、付属の CD を使って英文を聴きながら読めば、日本語で細かく解説しなくても内容が理解できる本がたくさんあるからです（具体的には、すでに挙げた Oxford Reading Tree や Cambridge Storybox ［ケンブリッジ大学出版局］、Building Blocks Library ［mpi & SEG］などと呼ばれるシリーズです）。

　SEG では、最初に読む本として、Oxford Reading Tree シ

リーズの最初のレベルである Stage 1 の本の中から、先ほど紹介した *Is It?* を利用し、教室の CD プレーヤーから流れる音声を聴きながら、次のような方法で、クラスで一斉に読んでいます。

① CD を聴いて本の文字を見る
② 本を見ながら、CD の音声で一文を聴いた後、音声の後に続いて音声をまねて音読する
③ 本を見ながら、CD の音声に合わせて、CD の音声に自分の声を重ねるようにして音読する

　最初は、1 冊をこのように 3 回読みます。英語の初心者が多いクラスでは、③を 2 回やって、4 回読む場合もありますし、また英語に慣れてきたら、②を飛ばして、①と③だけをすることもあります。このような方法をとると、最初にはよくわからなかった生徒も、2 回、3 回と読むうちに、意味がわかってきます。例えば、*Is It?* の場合なら、クエスチョンマーク（?）と CD の語調で、たいていの生徒は「Kipper が男の子の名前だろう」などと、絵が表すものと、そこに添えられた英文にある単語との関係を理解していきます。
　Is it? のような 8 ページの絵本だと、3 回読んでも 5 分くらいしかかりません。3 回読んだら、生徒は、この本の語数（25 語）と本の題名、読んだ感想を「読書記録手帳」に記録します（137 ページ参照）。そして、同じ Oxford Reading Tree の Stage 1

にある別の本を、また3回、①〜③のやり方で読みます。

　英語に初めて触れる生徒には、その後も同様に2〜3回ずつ読んでもらいますが、すでに何らかの形で英語経験があり、1回読んだだけで内容が十分わかる生徒には、次のレベルの本にどんどん進んでもらいます。

　こうして、「中1多読多聴入門」という春期講習では、1回2時間半の授業で、少ない生徒でも15冊程度、多い生徒なら30冊程度の Leveled Readers の絵本を読むことになります。もちろん、この時点では Is it ? や It is. といった表現の文法的な説明は特にしないので、文法的な解釈はわからないと思いますが、そのあたりは気にしないで文全体の意味がだいたいつかめたらOKとしています。

　Oxford Reading Tree のシリーズは、6冊が1パックで、6冊の音声が1枚のCDに録音されているので、6冊を連続して読むわけですが、英語が初めての生徒の場合には、最初の6冊のうち、1、2冊は、意味がよくわからないようです。毎回、授業後にアンケートをとっているのですが、わからなかった場合には、正直に感想として「わからなかった」と書いてもらっています。しかし、初日のアンケートでは「わからないところが多かった」と書いていた生徒も、2日目には「60パーセントはわかった」、3日目には「80パーセントはわかった」と答えています。中には、初日は「わからないところが多かった」のに、3日目には「ほぼ100パーセントわ

かった」と答える生徒もいます。

　それは、毎回違う本を使っていても、それらの本に載っている語が基礎レベルの同じような語に限られているため、絵とともに何度も触れるうちに、だんだんと意味がつかめてくるからです。

　実際に生徒に行った、アンケートの回答を一部紹介しましょう。

---

7. この講習の感想、先生へのメッセージ、要望、質問を自由に書いてください。
英語の本は初めはぜんぜん読めなかったが
絵などがあったので読めたと思った

---

7. この講習の感想、先生へのメッセージ、要望、質問を自由に書いてください。
SEGに3日間通って、英語が大好きになりました。
英語を楽しく学ぶことができて本当によかったです。
中学でも英語に楽しくとりくんでいきたいと
思います

誰もが無理をせず、今の英語力から始められる!

　すでに英語を学んできた中2以上の場合、Leveled Readersの本だと、内容的に幼稚すぎると感じる生徒もいます。また、学校で英語を1年以上学習しているので、比較的やさしい英語は読めるようになっています。そこで、多読のスタートは、Leveled Readersと38ページで紹介した英語学習者用の読み物、

【第1章】本当は誰でもできる英語多読

Graded Readers を最初に何冊か読んでもらい、本人が気に入ったほうを使ってレベルを上げていきます。

SEG の中 2 以上の多読クラスでは、数ある Graded Readers の中でも、Foundations Reading Library（ファウンデーションズ・リーディング・ライブラリー、センゲージラーニング）というシリーズの Level 1 の本から始めています（次ページ写真参照）。このシリーズは、日本に長年住んでいる Rob Waring さん（ノートルダム清心女子大学准教授）と Maurice Jamall さん（成蹊大学准教授）が、日本人をはじめとする外国人学習者向けに執筆したものです。最小限の語彙と平易な文章で構成され、現代の中高生生活を描いているため、SEG の生徒たちにとって親近感のある内容となっており、中学生から大学生まで非常に人気があります。

Foundations Reading Library の Level 1 には、英文としてはやさしいながらも、十分にストーリー性があります。大人の皆さんにも、通常はこのレベルからの多読を勧めています。このレベルからゆっくりと英語レベルを上げていけば、必ずネイティブ・スピーカーの大人が読むような、一般のペーパーバックも読めるようになります。

もちろん、このレベルでも、すでに難しいと感じる方もいるでしょう。それでも心配ありません。その場合には、Oxford Reading Tree などの Leveled Readers から読み始めればよいのです。

Foundations Reading Library Level 1, *Sarah's Surprise*（左），
Bad Dog? Good Dog!（右），Rob Waring and Maurice Jamall,
Cengage Learning（センゲージラーニング），©2008

　また逆に、Foundations Reading Library では、やさしすぎると思われる方もいるかもしれません。そういう方は、自分が楽に読める本のレベルから始めてかまいません。いずれにせよ、自分の英語力に合ったレベルから始めることが重要なのです。詳しいレベル選びについては、153ページから説明します。

　さて、ここまでの説明で、「『自分の実力で比較的容易に読める本』など、はじめからない」という伊藤の指摘は、もはや時代遅れになっていることがおわかりいただけたでしょうか。いまや誰にでも、自分の実力で容易に読める本があるのです。

　とはいえ、読者の皆さんには、次のような疑問を持たれる方も

【第 I 章】　本当は誰でもできる英語多読 | 51

多いことでしょう。

「ネイティブ・スピーカーの子どもが読む英語の本であれば、多読ができるのはわかるけれど、やさしい英文ばかり読んでいては、いつまでたっても英語力は伸びないのでは?」
「辞書を引かなければ、わからない単語は永遠にわからないままでは?」
「文法や語彙を勉強しないで、多読だけで英語は本当に身につくのだろうか?」
「英語を身につけるには、どのくらいたくさん読んだらいいの?」

　そこで、次章では、SEGでの多読クラスの実例・実績を挙げて、そういった疑問や指摘に答えながら「やさしい英語でもたくさん読めば力になる理由」や「本当に効果のある英語多読法」について説明していきましょう。そして、第3章、第4章で、具体的な多読の進め方を説明し、英語を身につけるにはどのくらいの量（語数）を読めばよいかについても、触れていこうと思います。

第2章

本当に英語多読が効果的な理由

英語多読で語彙力は伸ばせるのか?

日本の教育現場からの多読批判

ここまでの第1章では、主に次のことを説明してきました。

①英語コミュニケーション能力の習得には、英語を英語のまま理解する学習が重要
→それには英語図書の多読が最適
②やさしいレベルの本からスタートすれば、英語多読は誰にでも可能

段階分けされた学習用の英語図書である Graded Readers や Leveled Readers が充実してきたことによって、夏目漱石や丸山眞男のような、英語上級者にしかできないと思われていた英語多読が、初級者でもできるようになりました。いまや英語多読は、誰もが実践可能な英語学習方法になってきたのです。

しかしながら、「やさしい英語からリーディングを始めて英語の基礎力を育てる」という、SSS方式の新しい英語多読法に対しても、異を唱えている英語の先生方が少なくありません。日本の英語教育の現場では、多読よりも、文法学習や訳読を中心にした精読といった従来の英語学習法のほうが効果的だ、という主張をする方が多いのです。

例えば、日本第二言語習得学会員・仙台電波工業高等専門

学校講師の須田孝司さんは、日本第二言語習得学会会長の白畑知彦さん（静岡大学教授）との共著『英語習得の「常識」「非常識」』（大修館書店）で、次のように主張しています。

> 「未知語を辞書等で調べたりしなければ，文章をいくらたくさん読んでも新しい語彙が増えることはないし，また文法力が向上するわけでもない」
>
> 「語彙を増やしたければ，知らない単語に出合ったら辞書を引いてその意味を調べるべきでしょう。文章を何万語単位で読んでも，意識的に学習しなければ語彙は増えないのです」
>
> 「辞書を引くことなく，書物をいくらたくさん読んでも，読むスピードは向上するだろうが，語彙力が増加したり，文法能力が高まったり，発音能力が良くなったりはしない」
>
> 『英語習得の「常識」「非常識」』
> （白畑知彦・編著、若林茂則、須田孝司・著、大修館書店）

実際、私のもとにも、SEGに通う生徒の父母の方から、「辞書を引かずに多読をするだけで、本当に新しい語彙を増やすことができるのか」「知らない単語をただ読み飛ばすだけでは、わからない単語は、永遠にわからないままではないのか」「文法は学ばなくてもいいのか」といった質問が毎年寄せられます。そこで、この第2章では、まず「多読と語彙の関係」について、そして後

【第2章】 本当に英語多読が効果的な理由

半では「多読と文法の関係」について説明します。

　ただ、その前に、お断りしておきたいのが、発音能力に関する指摘です。本を読むだけで発音がよくならないのは当然です。私たちは、多読は英語学習に効果的だと主張していますが、それが万能だと言っているわけではないのです。

　発音をよくするには、当然、音声を使った学習が必要です。例えば、音声CDを聴きながらの多読（それを、私たちは「多聴」と呼んでいます）や、本文を見ずにCDを聴くリスニング読書を大量に行えば、正しいイントネーションやリズムが頭にしみ込んでいきます。さらに、多読と並行して、CDの音声に合わせての音読（「パラレル・リーディング」と言います）やシャドーイング（テキストを見ずに、CDの音声に重ねて発音すること）などを行うことで、発音能力をアップさせることができます。SEGの多読クラスでは、中学校から英語を学び始めたにもかかわらず、英検の試験で、試験官に帰国生と間違えられたほど発音がよくなった生徒もいます。

　また、文法については、後半で詳しく説明しますが、確かに多読だけでは、現在、学校の授業で教えられているような文法ルールがすぐに理解できるわけではありません。

　しかし、文法書に書いてある「文法用語」は知らなくても、ほかの人に正しく伝わるように話すためのルールとしての「文法」は、多読を続けるうちに身につけることが可能です。大量に聴いたり

読んだりすることで、自然に文法を理解し、正しく英文を解釈し、また、正しく英文を話せるようになってきます。

ただし、私は、文法教育そのものを否定しているわけではありません。多読で自然に文法が理解できるようになるとはいえ、それには相当な時間がかかります。ある程度の年齢になってから英語を学ぶ場合、基礎的な文法ルールはあらかじめ知っておくほうが効率的だと思います。また、たとえ多読をしていても、現在の日本の学習環境では、書く・話すという発信量が絶対的に少なくなりがちです。特に「書く」ときには、正確に文意が伝わり、また、こちらが教養を疑われない英文を書くには、文法を意識する必要があります。

実は、SEG の多読クラスでは、各自読書した後に、ネイティブ・スピーカーの講師が文法を教えています（144ページ参照）これは、日本の文法書にありがちな形式的な説明にこだわらずに、ネイティブ・スピーカーが実際に使っている文法の感覚を伝えるためです。生徒たちは、多読だけではよくわからなかった部分や、もやがかかっていた部分が、先生の説明ではっきり理解できると言っています。

いずれにせよ、文法事項は、知識として覚えたからといって、すぐに定着するものではありません。習ってすぐに文法問題を解けば、そのときはわかった気になりますが、時間がたつにつれて忘れてしまうものです。また、覚えているとしても、実際に話したり

書いたりするときに文法的ミスをしてしまうのはよくあることです。一度理解した文法ルールを記憶し、日常的に使える英語力として定着させるためには、大量の英文を読む中で、その文法ルールの具体的な用例に何度も触れることが必要なのです。ですから、文法運用能力を伸ばすには、多読が不可欠だと私は考えています。

辞書を引かなくても、単語の意味はわかる

　では、本題の「多読と語彙力」の関係に入りましょう。須田さんの主張は、「未知語を辞書等で調べたりしなければ、文章をいくらたくさん読んでも新しい語彙が増えることはない」し、「何万語単位で読んでも、意識的に学習をしなければ語彙は増えない」、つまり、辞書を引かない多読には語彙の学習効果がない、というものでした。果たして、本当にそうなのでしょうか？　辞書を引かなければ、未知語は覚えられないのでしょうか？

　例えば、次の英文が書かれていたとします。

① We need a speaker <u>soon.</u>

　この英文で、we（私たちは）、need（必要とする）、a（1つの、1人の）、speaker（スピーカー、話者、講演者）の4つの単語の意味は知っていたけれど、soon を知らなかったとしましょう。さて、

この文を知っている単語をつなぎ合わせて日本語にすると、次のようになります。

私たちは、話者が○○○必要です。

　この文章では、○○○に何が入るかは、まったくわかりません。「私たちは、話者がとても必要です」なのかもしれませんし、「私たちは、話者がいつか必要です」や「私たちは、話者がもちろん必要です」なのかもしれません。

　①の文だけでは、辞書を引いて日本語の意味を調べない限り、soon の意味も、①の文全体の意味もわからず、soon という言葉を覚えることもできません。ですから、「わからない単語があれば、辞書を引いて調べる」というのは、①のような前後関係のない、孤立した１つの短文であれば当然のことです。

　さらに言えば、speaker は、音声を再生する装置の「スピーカー」を表すこともあります。したがって、①は「私たちは、話者が必要です」なのか、「私たちは、スピーカー（の機械）が必要です」なのかは、①の文だけでは、辞書をいくら引いても判断できないのです。しかし、次のような流れのある文章であれば、どうでしょうか？

"Please find someone quickly. <u>We need a speaker soon</u>," said Mr. Roberts, the Bayview High principal.
He was speaking to Mr. Harris, one of the teachers at the school. The school Sports Day was the next week and they had to find <u>someone to give a speech</u>.

Foundations Reading Library Level 7: *My Mom, the Movie Star*, Rob Waring and Maurice Jamall, Cengage Learning(センゲージラーニング), ©2008

　このようなまとまった文章であれば、最後に「someone to give a speech（スピーチをする誰か）を見つけなければならなかった」とあるので、機械のスピーカーではなく、「話者」であることは、はっきりします。

　そして、肝心の soon の意味については、残りの単語がすべてわかっていれば、辞書を引かなくても容易に想像できるはずです。読者の皆さんも、soon の意味がわからない中学生のつもりで、もう一度この文章を読んでください。便宜上、日本語で英文の意味を考えると、次のようになります。

［筆者訳］「急いで誰か見つけてください。話す人が１人、○○必要なんです」と、ベイビュー高校の校長、ロバートさんは言いました。校長は、その学校の先生の１人、ハリスさんに話しかけていました。体育祭は次の週だったのです。校長もハリス先生も、誰かスピーチをする人を見つけなければなりませんでした。

このような場合、日本語なら○○○に何が入ると思いますか？　翌週の体育祭でスピーチをする人が必要なのだから、急いで（quickly）探さなければならないことが、この状況から推測できます。ですから、○○○に入るのは、「至急」とか「すぐに」という意味の言葉が自然でしょう。すなわち、soon の意味も、動詞 need（必要としている）にかかる内容の言葉ですから、副詞で「至急」「すぐに」「大急ぎで」「直ちに」といった意味になることがわかるのです。

　ここでは、soon が「至急」なのか「すぐに」なのかといった細かい語感の違いまでは判断できませんが、どちらも「早く」といった意味であることには変わりありません。この後も、いろいろな本で、See you soon.（じゃあね、またね）といった、いろいろな soon の用例に出合うでしょう。こうして何度も文章の中で触れるうちに、soon は「すぐに、もうすぐ」の意味だということが、辞書を引かなくても英語のままわかってくるのです。

多読をする中で同じ単語に何度も触れる

　このように、知らない語の数が少ない長文であれば、前後に文脈があるので、辞書を引かなくても、かなりの確率でおよその意味を推測できます。そして、多読を続けていけば、何度も同じ言葉に触れるたびに、だんだんと意味がつかめてくるのです。これが、多読的な語彙習得法です。

語彙習得に関する専門家の1人、Rob Waring さん（ノートルダム清心女子大学准教授）が、British National Corpus を利用して、一般的な英語の文章に出てくる語彙の出現頻度を計算したところ、次のようになったそうです（全国語学教育学会 多読分科会、2009年7月基調講演）。

語彙の出現順位		その語に1回出合うのに必要な平均語数	30万語の英文で出合う回数
1位の語	the	17語	1万7,647回
2位の語	be	20語	1万5,000回
100位の語	hear	952語	315回
500位の語	present	4,037語	74回
1,000位の語	blood	8,533語	35回
2,000位の語	stumble	2万3,103語	12回

　British National Corpus（BNC）とは、イギリスの研究機関が中心に作ったコーパス（言語データベース）で、単語やフレーズの使用頻度、よく使われる単語の組み合わせなどを科学的に調べることができ、多くの辞書がこのデータに基づいて作られています。上記の表によれば、いちばんよく使われる単語である、出現順位1位の the は、平均17語に1回の割合で登場することになります。つまり、17語読めば、1回は the を目にするわけです。そして、30万語英文を読めば、1万7,647回、the という単

語に触れることになります。

　出現順位1,000位のblood（血）であれば、平均8,533語に1回の割合で出てきます。最初はbloodの意味がよくわからないとしても、30万語を読むうちに35回は出合うことになります（30万語÷8,533≒35）。ですから、最初はbloodの意味がとれなくても、何回か出合ううちに、前後の状況からbloodの意味がわかるようになるはずだ、というのが多読推進派の考え方です。

　ただし、同じ言葉に何度も出合うためには、年に最低50時間、語数で言えば最低年間30万語以上読むくらい、多読をしなければなりません。読書ペースは人それぞれですが、SSS方式の「多読」は、少なくとも週1時間以上、年間50時間以上の時間を費やして行うものを指しています（多読の進め方については、次章以降で説明します）。

知らない単語が全体の5パーセント以下の本を選ぶ

　読書中、知らない単語の意味を確かめたい場合は、辞書を引いてもかまいません。実際、多読している人の中には、わからない単語を辞書で調べながら読んでみたという人もたくさんいます。一方、辞書を引いて読んでみても、辞書を引かずに読んでみても、読み終わった後の全体の理解度はほとんど同じだったと答える人が多いのも事実です。

　「辞書を引いたほうが、記憶に定着しやすくなる」という意見も

ありますが、現実には、辞書を引いても、その後すぐにその単語に出合わなければすぐに忘れてしまうのではないでしょうか。よっぽど印象の強い場面で出合わない限り、辞書を一度引いただけでは、その意味を長時間、記憶するのは難しいでしょう。また、読書中に辞書を引いていると、「読む」作業に集中できず、ストーリーを楽しめなくなってしまいます。日本語でもそうだと思いますが、本を読むときは、できるだけ中断せず、内容に没頭してこそ楽しむことができるのです。

　実際、未知語を辞書で引きながら読むのと、未知語を推測しながら辞書を引かずに読むのとでは、同じ時間内でも読める英文の量は大きく違ってきます。辞書を引かずに読めば、読む語数（読書量）は飛躍的に増え、年間100万語の読書も十分に可能になります。読書量が増えれば、同じ単語に触れる回数も増え、わかる単語もどんどん増えてくるのです。

　一方、あまり出合うことのない単語は、多読ではなかなか習得することができません。しかし、出現頻度の低い単語は、学習者にとって重要度が低いと言ってよいのではないでしょうか。それらを無理して覚えても、触れる機会がなければ、すぐに忘れてしまうでしょう。その単語があなたにとって重要度の高い語になったとき、つまり、その語が頻繁に登場する英文をたくさん読むようになったときに、きちんと覚えられればよいのです。

　このように「辞書を引かなくても、多読で新しい語彙は習得で

きる」と考えられますが、それには、先に挙げた例文のように、知らない単語・表現の意味が、文脈から推測できなければなりません。本の中に未知語やわからない文法事項が多すぎる場合、多読で新しい語彙を身につけることはできないのです。ですから、多読をする際には、自分の現在の英語力に合った本を読むことが重要になってきます。

　なお、語彙教育の権威である、ポール・ネイション博士（Paul Nation、ニュージーランド・ヴィクトリア大学ウェリントン校、言語学・応用言語研究学部教授）は、多読を通じて新しい語彙を身につけるには、未知語が全体の5パーセント以下の本でなければいけない、と論じています（P. Nation, "Teaching Vocabulary", Heinle Cengage Learning）。つまり、未知語が20語に1語以下であれば、辞書を引かなくても、前後関係からその言葉の意味を高い確率で類推できるというのです。

　これは、実際に、多読指導を行っている私たちの実感にもぴったり当てはまります。本選びについては第4章で詳しく説明しますが、多読をするときは「最初の1ページを見て、知らない単語が全体の5パーセント以下と思える本を選ぶ」ということを原則としてください。それが、英文を楽しみながら読んで、自然に語彙を増やす最も適切なレベルの本なのです。

多読を通じて、語彙知識を深める

1つの単語にも、たくさんの意味がある

　多読が語彙力アップに効果的なのは、新しい語彙を増やす場合だけに限りません。多読で語彙を身につける、さらなるメリットは、1つの単語が持つ、さまざまな意味や使い方が自然にわかるということです。24ページで取り上げた、丸山眞男の主張と重なりますが、ここでもう一度、詳しく説明しましょう。

　簡単な言葉でも、いろいろと異なる意味を持つことは珍しくありません。日本語でも、やさしい本と言うときの「やさしい」と、やさしいお母さんと言うときの「やさしい」は意味が異なります。反対語で考えると、「やさしい本」に対しては「難しい本」ですし、「やさしいお母さん」は「こわいお母さん」です。もちろん、漢字を使えば「易しい」と「優しい」を区別することができますが、もともと同じ言葉に異なる意味があると考えるほうが自然でしょう。

　さて、この2つの「やさしい」ですが、皆さんは日本語を覚えるときも、「やさしい」の2つの意味を、辞書を引いて覚えたわけではなく、いろいろな実例を聞いたり読んだりして覚えたのではないでしょうか。英語でも同じことで、同じ言葉にある複数の意味は、多読で、実際に使われている例に触れて覚えていくのがよいのです。例えば、still という言葉には、形容詞として「じっとしている、

動かない、静かな」という意味で使われる場合と、副詞で「まだ、依然として」という意味があります。形容詞として使われる場合、次のようになります。

It was very <u>still</u> in the morning. (朝、とても静かだった)

一方、副詞として使われる場合は、こうです。

Pakistan is <u>still</u> a developing country. (パキスタンはまだ発展途上国だ)

　皆さんの中には、still には、①形容詞としての「静かな」という意味と、②副詞としての「まだ」の2つの意味があることを覚えて、still を目にするたびに、どちらの意味かを考えるという読み方をしている人がいらっしゃるかもしれません。しかし、多読をしていると、前後の状況から、迷うことなくどちらの意味かを理解できます。例えば、ある物語の中、放課後のあるシーンで、次のようなセリフが出てきたとしましょう。

Let's play basketball. The gym is <u>still</u> open.

　これは、「バスケットボールをしようよ。体育館は、○○、開いているぜ」ということですから、「still =動かない」ではなく、すんな

りと「体育館は、まだ、開いている」と読めるはずです。

一方、自分の携帯電話を人に取られたと誤解しているシーンで、次のように書かれていたらどうでしょうか?

Mr. Ted had the cell phone in his hand. Jay was very quiet and very <u>still</u>. "It's my phone!" Jay thought.

Building Blocks Library Level 5 : Ring Ring. No Answer,
Glenn McDougall, mpi&SEG, ©2010

「テッドさんは、携帯電話を手にしていた。ジェイは、とても静かで、とても〇〇だった。『あれは、僕の携帯だ!』とジェイは思った」となりますね。したがって、still の意味は「じっとしていた、動かないでいた」と読めるはずです。

このほかにも、still には、名詞で「スチール写真」「静物画」という意味もありますが、それらも丸暗記でなく、文脈の中で何度も触れて、その意味や使い方を覚えるほうが、確実に身につけることができるでしょう。

もう1つ、やさしい単語で例を挙げましょう。学校では、old は「古い、年をとった」という意味の形容詞として習います。もちろん、これは決して間違いではありませんが、poor old mum を「貧しい年をとったお母さん」と訳したりすると、とんでもない誤訳になりかねません。

多読図書、Leveled Readers の代表である、Oxford

Reading Tree（165ページ参照）の Stage 4 にある *Poor Old Mum!* という本では、小学校の運動会で、父母参加レースに出場したお母さんが、途中で転倒してしまいます。その部分の英文を紹介しましょう。この本は絵本なので、実際には英文だけの場合より、わかりやすいはずです。

Mum was in a race.（ママはレースに出場しました）
"Oh no!" said Wilma.
　（[ママが転んで]「あーあ!」とウィルマは言いました）
Mum came last.（ママはビリでした）
"<u>Poor old Mum</u>," said Wilf.
　（「poor で old なママ」とウィルフは言いました）

Mum was disappointed.（ママは、がっかりしました）
"What a shame!" said Dad.（パパは「残念だったね!」と言いました）
Dad put a blindfold on Mum.（パパはママに、目隠しをしました）
Wilf and Wilma had a surprise.
　（ウィルフとウィルマは、びっくりさせるものを持っていました）

"<u>Good old Mum</u>," said everyone.
　（家族みんなは「Good old Mum」と言いました）

Oxford Reading Tree Stage 4：
Poor Old Mum!, Roderick Hunt and Alex Brychta,
Oxford University Press（オックスフォード大学出版局）, ©2008

運動会で思わぬアクシデントにあって落ち込んでいたママを、家族みんなが励ますという、ほのぼのとしたストーリーです。最後、

【第2章】 本当に英語多読が効果的な理由

ウィルフとウィルマが何を持っていたのかは、実際の絵本を見て確かめてみてください。

さて、こういう文脈であれば、皆さんも poor old Mum が「貧しい年をとったお母さん」の意味ではおかしいと感じることでしょう。poor は「貧しい」という意味でなく、ここでは「かわいそうな」という意味であることは、前後関係からも自然に想像できると思います。old も「年をとった」ではなさそうだ、と気がつくはずです。

実のところ、poor old Mum の poor や old は、無視して読んでも、話の筋はわかります。good old Mum の good や old にしてもそうです。しかし、こういう表現に何度も繰り返して出合うと、自然に poor old Mum も good old Mum も、「大好きなお母さん」の意味で使われていることが察知できるようになります。この場合も、poor には「かわいそうな」とか、good には「よい」という言葉のイメージは残っていますが、実は「poor old ○○」も、「good old ○○」も、また「silly old ○○」も、いずれも親愛の気持ちを込めた「大好きな○○さん」という呼びかけの意味で使われているということがわかってくるでしょう。

やさしい英語を読んで「連語力」をつける

新しい単語を覚えていくことだけが、語彙の学習ではありません。簡単な言葉を組み合わせて、さまざまな表現ができるようになったり、単語を自然な順序で組み合わせられるようになったりす

ることも、英語学習において非常に重要なことです。ですから、たとえ、すべて知っている単語だけで書かれた本を読んだとしても、得られるものはあるのです。

　私たちは、文章を読むときに、日本語でも、英語でも、次に続く言葉を無意識に予想しながら読んでいます。例えば、今、本書を読まれている皆さんは、この前の行の「日本語でも」を読んだ後、「英語でも」が来ると自動的に予想できたのではないでしょうか。これが、たまたま何かのミスで「日本語でも、●●でも」と、●●の部分が黒く塗られていたとしても、100人中99人は、●●の部分を見た瞬間に、「英語」だと補って読んでいくでしょう。

　その理由をきちんと述べれば、「○○でも、●●でも」という、類似したものを並列する係助詞の「も」の重なりから、●●には、「日本語」に対応する言語名が入ること、そして本書が「英語学習」をテーマにしていることから、ここでは「フランス語」でも「中国語」でもなく「英語」が入るのだということが推測できるのです。しかし、実際には、そんなことはいちいち考えずに、「日本語でも」と読んだ瞬間に「英語でも」と予想できているはずです。

　もう1つ、単純な例を挙げましょう。「このままでは済まないぞ！白〇をつけよう」と言った場合、皆さんはすぐ「白黒をつける」のことだとわかりますね。物事の是非や善悪、真偽など、はっきりさせることを日本語で「白黒をつける」と言います。人によっては「黒白をつける」と言う人もいるでしょうし、国語辞典にはどちらの用

例もありますが、一般的には「白黒をつける」と言う人のほうが多いと思います。また、日本語で「白〇テレビ」とあった場合、多くの方は、〇の部分に「黒」を入れて「白黒テレビ」とするでしょう。白黒でも黒白でも、文法的にはかまわないはずですが、日本語では、「白黒写真」「白黒画像」「白黒フィルム」などのように、白の次に黒を続けるほうが自然です。

　一方、英語では、白黒テレビは、一般的に black and white television と言い、white and black television とは言いません。もちろん、white and black television は、文法的には正しい表現ですし、意味も通じるでしょうが、ネイティブ・スピーカーにとっては違和感のある表現だと言えるでしょう。日本語では、「白人と黒人」でも「黒人と白人」でも、どちらでもまったく違和感はありません。しかし、英語では "black and white people" でネット検索すると4,700万件がヒットしますが、"white and black people" とすると、164万件しかヒットせず、black and white の約30分の1の使用頻度に過ぎません。ですから、多読をしていれば、自然に white and black ではなく、black and white という組み合わせが頭の中に残ることになるのです。

　これは一例ですが、多読によって、このような自然な単語の組み合わせの知識が増えてきます。そして、このような単語の組み合わせの知識＝「連語力」がついてくると、文章を読むときでも、聴くときでも、次に出てくる単語や表現を、いくつかのまとまりで予

測しながら読む・聴くことができるようになり、より速く読めたり、より楽に聴けたりするようになるのです。

多読クラスの生徒はテストでも好成績！

　以上、「やさしい英語の多読でも語彙力がアップする」という私の主張を説明してきましたが、この説をさらに補強するため、ここで具体的なデータを紹介しましょう。

　SEGの英語クラスには、多読・多聴とネイティブ・スピーカーによる文法・作文指導を中心とする「多読クラス」と、語彙・文法・精読を中心とする「精読クラス」（正式名称は eMaster コース）があります。「精読クラス」は、主として大学受験のため、学校で行われているような文法・精読重視型の授業を希望する生徒向けに開設されています。もちろん、どちらを選ぶかは生徒の自由です。どちらの授業回数も、授業時間も、同一で、ほぼ同じような学校の、同じような成績の生徒が通っています。そこで、高1生の「多読クラス」と「精読クラス」で行った、客観式のACEテストの結果を比較してみましょう。

　ACEテスト（Assessment of Communicative English テスト）とは、中学から大学生までを対象とした、一般的な英語運用能力を測るテストです。中学・高校の学習内容を扱い、語彙・文法、リスニング、リーディングの3つのパートで構成され、英語運用能力評価協会（ELPA）によって実施されています。テストは、

全部で98問、80分のマークシート形式で行われ、試験結果は0点〜900点満点で評価されます。

　扱う内容がセンター試験レベルの英語も含まれるため、高1生にはやや難しいテストになりますが、多くの中学・高校で、学力の伸びを測ったり、英語の基礎力を確認したりするために活用されています。SEGでも、これまでの多読や英語授業の学習効果を確認するために、生徒たちにチャレンジしてもらっています。

　さて、高1のSEGの生徒たちを対象に、多読クラスでは6月

SEG 精読クラスと多読クラスのACEテスト結果

精読クラス	語彙 (150)	文法 (150)	リーディング (300)	リスニング (300)	総合 (900)
2009年 6月	83.7	95.6	188.5	196.1	563.8
2010年 2月	100.8	104.6	214.7	215.3	635.5
7か月間 の伸び	17.2	9.0	26.2	19.2	71.6
多読クラス	語彙	文法	リーディング	リスニング	総合
2009年 6月	83.2	94.4	193.5	199.9	571.1
2010年 1月	104.0	102.3	221.8	230.2	658.3
6か月間 の伸び	20.8	7.9	28.3	30.3	87.2
精読との差	**3.6**	-1.2	2.1	**11.1**	15.6

（注）小数第2位以下は四捨五入。

と1月、精読クラスでは6月と2月にACEテストを行ったところ、左下の表のような結果が出ました。なお、このテストは900点満点のため、6月の結果が400点未満の人は点数が伸びやすく、700点以上の生徒は点数が伸びにくいので、ここでは初回の試験が400点以上700点未満の生徒だけを対象にし、その平均値をとってみました。対象生徒数は、多読クラス34人、精読クラス39人です。

ちなみに、この試験の高3の平均点、高3上位27パーセントの平均点は下の表のとおりです。ELPAによれば、高3上位27パーセントの平均は、いわゆる進学校の平均にあたるそうです。

	語彙 (150)	文法 (150)	リーディング (300)	リスニング (300)	総合 (900)
全国 高3平均	83.0	83.5	164.0	170.3	500.7
高3上位 27％平均	103.2	106.6	213.4	205.1	616.0

これと比較してみるとわかるように、精読クラスも多読クラスも、半年程度の授業で、総合成績をそれぞれ、71.6点と87.2点伸ばし、進学校の高3平均点616点を超える成績を残しています。学力は毎月同じように伸びるとは限らないので単純比較はできませんが、多読クラスは6か月、精読クラスは7か月というように学習期間が異なるため、1か月当たりの得点の伸びを計算すると、

精読クラスが10.2点（= 71.6 ÷ 7か月）、多読クラスが14.5点（= 87.2 ÷ 6か月）となります。つまり、1か月当たりの伸びで比較すると、多読クラスは、精読クラスの約1.4倍の学習効果があったことがわかります。

語彙（150点満点）、文法（150点満点）、リーディング（300点満点）、リスニング（300点満点）の伸びも、それぞれ見ていきましょう。

多読クラスのほうが1か月短いという差を考えずに単純比較すると、文法については、精読クラスのほうが1.2点高くなっていますが、語彙については3.6点、リーディングでは2.1点、リスニングでは11.1点の差をつけて、多読クラスのほうが高くなっています。特に、語彙とリスニングの伸びが目立ちます（語彙・文法は150点満点、リーディング、リスニングは300点満点なので、伸びしろが違う点に注意してください）。

リスニング力については、精読クラスでは、日本語の解説を通じて英文を理解する授業が中心のため、瞬時の英文理解力を問われるリスニングには、うまく対応できていないのではないかと思われます。一方、多読クラスでは、やさしい英語ではありますが、大量に読んで、また本に付属の朗読CDを聴いて、英語を英語のまま理解する力を育てているため、このように高いリスニング力を発揮することができるのだと考えられます。

注目に値するのは、多読クラスのほうが、語彙力の伸びが高

いことです。もちろん、学校で語彙の指導はあるでしょうが、それは精読クラスの生徒も同じ条件のはずです。年間30万語以上という読書によって、何度も同じ単語・表現に触れる多読は、語彙力の伸びに関しても、結果的に、辞書を引きながら単語を覚える精読よりも効果的だと言えるのです。

初期段階や受験対策には、意識的な語彙学習の併用を

　このように多読によって語彙力がアップするとはいえ、私たちは「意識的な語彙学習」を否定しているわけではありません。そもそも、特定の英語学習法にこだわる必要はなく、その時々に合わせて臨機応変に変えていくべきでしょう。

　例えば、アルファベットの読み方から学び始める小・中学生のように、知っている単語が極めて少ない初期段階では、多読だけで語彙を習得するのは効率的ではありません。多読で使用するGraded Readersは、英語初心者向けのリーダーといえども、基本200〜300語程度の予備知識を前提として書かれているものがほとんどだからです。基本300語程度は、多読と並行して意識的な語彙学習を行って、確実に語彙を増やさないと、読む本のレベルを上げていくことができません。

　いわゆる教育困難校と呼ばれる、ある高校で、英語授業に多読を取り入れたところ、Leveled Readersの低い段階でほとんどの生徒が止まってしまい、多読指導に失敗したという例があり

ます。高校生でも基本300語が身についていない状態だと、絵だけに頼って多読するため、文字中心のGraded Readersにレベルアップできず、そのうち多読に飽きてしまうのです。

　SEGでも、英語をまったく初めて習う中学1年生については、単語のフラッシュカード（単語を表す絵が描かれた大きなカード）を使って、ネイティブ・スピーカーの先生が単語を覚えさせ、それを使った簡単な発話をさせることで、中1の夏休みまでに基本300語が身につくように指導しています。基本300語がわかれば、知っている単語から知らない単語を推測しながら読む多読で、語彙を増やしていけるからです。

　中1の春〜夏という短い期間なので、このように、ある程度負荷をかけてトレーニングしていますが、小学生であれば読み聞かせや英語の歌を通じて、基本300語をゆっくりと覚えていくのがよいでしょう。一方、大人の皆さんなら、基本300語程度は暗記してしまったほうが効率的だと思います。参考までに、巻末付録①として基本300語の語彙と訳を紹介してあります。1語1訳での暗記の弊害を説く方もいますが、多読を実践すれば、1語1語の意味と用法は自然に広がっていくので、最初の段階では1語1訳で覚えてもかまいません。

　また、試験の前など、短期間で効率的に語彙を覚えなければならない場合には、「意識的な語彙学習」が有効だと思います。英検やTOEIC受験、高校・大学受験のときは、市販の単語帳

を使って「この単語はこういう意味だったんだ」と確認しながら、単語を覚えるのです。実際、多読クラスには、中3や高1でTOEIC 800点以上のスコアを獲得した生徒が何人もいますが（126ページ参照）、そのような目覚ましい成績を残している生徒は、全員が『DUO 3.0』（鈴木陽一著、アイシーピー）や『速読英単語』（風早寛著、Z会）などの市販の単語帳でも語彙の学習をしています。彼らは、多読で見たことのある単語の意味を、これらの単語帳を使って確認しながら覚えているのです。

「なんだ、それなら、従来の受験勉強でやっていた暗記法と同じではないか」と思われるかもしれません。しかし、決定的に違うのは、多読を並行して行っていることです。通常のやり方であれば、単語帳で覚えた新しい単語を忘れないために、何度も何度もその単語帳をチェックして覚え直さなければなりません。1日10ページ分覚えたとしても、1週間たてば、最初の10ページ分の単語はほとんど忘れてしまうものです。したがって、従来型の語彙学習では、覚えては忘れ、覚えては忘れ、を繰り返しながら、定期的に単語帳をチェックすることで、短期的な記憶を長期的な記憶に転化させなければなりません。

しかし、多読を並行して行っていると、単語帳で覚えた単語には本の中で何度も出合うため、その単語の記憶が強化され、長期的な記憶に転化しやすいのです。また、多読では、実際に使われている用例にたくさん触れるため、単語が実際にどんな場面

で、どんなニュアンスで使われるのかも理解できるようになります。

ただし、このメカニズムを働かせるためには、「自分が多読しているレベルの本に頻出するものの、まだその意味をはっきりと理解していない単語をたくさん含む単語帳」を利用しなければなりません。現在読んでいるレベルの本には滅多に出てこない、未知語ばかりの単語帳で単語を覚えても、多読との相乗効果は期待できません。先に挙げた『DUO 3.0』などを使っている生徒たちが単語帳で高い効果を上げられたのは、そこに掲載されている単語レベルの英文がすらすらと読めるくらいまで、多読を行ってきたからなのです。

多読で語彙力をさらにアップさせる方法

試験とは関係なく、普段の多読学習を通じて語彙力強化を狙うのであれば、Graded Readers などの多読図書の巻末、あるいは巻頭にある「語彙リスト」を利用しましょう（主な Graded Readers には語彙リストがついています）。読書前に、知らない単語の意味を語彙リストの説明や用例を通じて一通り理解しておくと、多読しているときに、未知語の数が少なくなり、より速く、より深く読むことができます。

読書後は、語彙リストを再読して、どれだけの単語がわかったかを確認するとよいでしょう。さらに、語彙リストを音読したり、自分の単語帳に未知語を書き写したりするのも効果的です。一冊

を読み終わった後、気に入った一節を音読したり、筆写したりするのもよいと思います。ただし、効果を上げようとして無理をすると長続きしないので、「効果」と「取り組みやすさ」のバランスに注意してください。私個人の経験からすると、音読や筆写は気が向いたときだけにしないと長続きしません。

　また、大学受験を控えた高校生なら、やはり、どこかで市販の単語集やフレーズ集に目を通す必要があるでしょう。SEG でも、単語集やフレーズ集を使いたいと相談してくる生徒には、だいたい 6 ～ 8 割の単語・表現を知っている本を選ぶようにアドバイスしています。知っている単語・表現を再確認しながら、2 ～ 4 割の知らない単語・表現を覚えていくのであれば負担が少ないからです。そして、3 回くらいチェックして全体の 95 パーセントくらい単語の意味がとれるようになったら、その本は終わりにするように言っています。というのは、その本に載っているすべての単語・表現を完璧に覚えようとすると、時間がかかって効率が悪いからです。その単語帳で 5 パーセント程度の取り残しがあっても、多読を続けていれば、少しずつ意味がわかってきます。語学学習では「完璧さを追求しすぎない」のがコツなのです。

　SEG の多読クラスでは、大学受験のことも考えて、200 万語ぐらい多読して、ある程度、語彙が増えてきた生徒には、身近な日本のニュースを比較的やさしい英語で書いている *The Daily Yomiuri* のような英字新聞などを渡して、興味のある記事を中

心に読むように指導しています。こうすると、ビジネスや社会問題に関する語彙も増えていき、英検準1級などにも対応できるようになります。英字新聞を読むことで、物語が中心の Graded Readers では、あまり扱われない語彙もカバーできるからです。

　ただ、TOEIC や英検のような試験に出てくる、ビジネスや経済の語彙を増やすことだけが英語の勉強だとは、私は考えていません。むしろ、自分に興味のある分野の語彙を増やすことこそが、実用的な英語の学習だと考えています。ですから、理系分野に興味のある生徒には、理数系の啓蒙書や専門書を紹介しますし、アメリカのファッションや日常生活に興味のある女子中高生には、Seventeen のようなティーンズ向けの雑誌を見せて、ファッション関係の語彙を増やすように指導しています。むやみやたらに語彙を増やそうと思っても、まずうまくいきません。生徒1人1人、興味も必要性も違うのですから、その生徒が本当に読みたい本が読めるようになる語彙をどうやって身につけるかをいちばんに考えるようにしています。

　なお、大人である、読者の皆さんの場合には、単語帳での暗記は、多読の負担にならない程度でやってください。面倒だとか、つまらないと感じる方は、資格試験などの緊急対策の必要がない限り、やらなくてもいいと思います。こういった学習よりも、読書を楽しみ、多読をきちんと続けることを優先させましょう。「継続こそ力なり」です。

多読と精読の間における効果倍増の学習戦略

ただ大量に読むだけの多読では効果半減 !?

　これまで「多読と語彙」の関係について説明してきました。辞書を引かなくても、多読だけで十分に新しい語彙が身につくことがご理解いただけたでしょうか？　多くの人にとっては、多読のほうが、精読よりも効率的に語彙を習得できるのです。

　しかし、多読で語彙を増やすためには条件があります。

　その条件とは、すでに触れてきたとおり、知らない単語、つまり未知語が少ない英文を読むことです。多読を通じて新しい語彙を推測するには、「未知語が20語に1語以下」という条件で、英文を読まなければなりません。さもないと、英文を十分理解できなくなり、未知語の推測も困難になるからです。そのうえで、推測した語彙の意味を確認し、修正し、記憶を強化するには、最低でも、年間30万語以上の多読をすることが必要です。この2つを守って多読をすれば、語彙力に限らず、英語力全体が伸びていきます。

　しかし、読書語数が、ほかの生徒に比べてそれほど多くないのに、英語力が非常に伸びている生徒と、語数的にはたくさん読んでいても、その割には英語テストの成績があまり伸びていない生徒がいるのも事実です。英語力の伸びには、「英文を読ん

だ量」だけでなく、「英文を読む際の理解度」も大きく関係してくるからです。つまり、成績が順調に伸びる生徒は、未知語が少ない本を選び、高い理解度で本を読んでいるのに対し、成績があまり伸びない生徒は、未知語の多い本を選び、低い理解度で、飛ばし読みをして大筋だけを追っているのです。

ある中2の生徒の例を紹介しましょう。A君とBさんはいずれも、中1の4月から英語多読を始めた生徒で、中1の入会時の英語力はほぼ同じでした。この2人が、SEGで多読を始めて1年10か月後、中2の1月のACEテストで、次のような結果になりました。

読書語数というのは、文字どおり、それまで読んだ英語の総

A君
読書語数 ……………181万435語（2010年2月現在）
読んでいる本 ……Scholastic ELT Readers Level 3
（語彙レベル 基本1,500語）など

✓ ACEテスト得点 …**571点**
（語彙79、文法78、リーディング208、リスニング206）

Bさん
読書語数 ……………49万5,436語（2010年2月現在）
読んでいる本 ……Oxford Bookworms Stage 2
（語彙レベル 基本700語）など

✓ ACEテスト得点 …**788点**
（語彙119、文法97、リーディング272、リスニング300）

語数です。We are Japanese. なら3語という形でカウントしていきます。詳細は136ページで触れますが、多読クラスの生徒たちは、「読書記録手帳」というノートに自分の読書記録をつけています。その中で、読んだ本の語数を記入する欄があるため、A君、Bさんが、英語多読でこれまで何語読んだかがわかるのです。また、Graded Readers のような多読の本には、たいてい1冊の総語数が明記されています（SEGでは、語数が書かれていない本も、スタッフがカウントして総語数がわかるようになっています）。

A君は、多読歴1年10か月で、すでに180万語以上の読書をしています。そして、読んでいる本は、Scholastic ELT Readers Level 3（語彙1,500語レベル）のような、かなり使用語彙のレベルが高い本です。中2の多読の上位クラスでは、平均的には Oxford Bookworms の Stage 3 のような語彙1,000語レベルの本を読んでいるので、A君は多読クラスの平均的な中2生に比べると、難しいレベルの本を読んでいることになります。

一方、Bさんは、同じ期間で49万語程度を読んでいます。A君の3分の1にも満たない語数です。読んでいる本は、A君の語彙1,500語レベルに比べるとかなりやさしい語彙700語レベルの本が中心です。

しかし、ACEテストの結果を見てください。ほかの生徒よりレベルが高い本を読んでいるA君は、571点でした。これに対し、やさしめの本をたくさん読んでいたBさんは、読んだ本の総語数

がA君の3分の1にもかかわらず、788点を獲得できたのです。高3全体の平均点は、500.7点ですから、もちろん、A君の点数も、中2としては非常によい成績です。しかし、Bさんの語数に比べて3.6倍の読書量にもかかわらず、Bさんよりも点数が低い結果(0.72倍)に終わりました。

　もう1つ、中学1年生の例を挙げましょう。SEGでは、多読授業開始から11か月たった中学1年の1月に、全員、BACEというテストを受けてもらっています。BACEテスト(Basic Assessment of Communicative English テスト)は、やはりELPAによって実施されている英語の試験です。内容的には、ACEテストをよりやさしくしたもので、通常、高校入学時のレベル分け試験に使われています。文法・語彙、リーディング、リスニングの3つのパートに分かれ、各100点ずつのスコアで評価します。

　中1入学直前の春期講習から英語多読を始めた生徒のうち、春期講習終了時に行ったSEGの英語試験の点数がほぼ同じだったCさんとDさんについて、その後の読書量とBACEテストの点数を比較してみましょう。2人とも、小学生のときに多少英語学習の経験があり、中1の春期講習終了段階では、ごく基本的な文章が書けて約200語の語彙を知っている程度でした。

　この2人の比較(右上)を見ると、CさんとDさんの読書語数は100万語前後でほぼ同じですが、BACEテストの得点は、Dさんのほうが97点も上回っています。

Cさん

- 読書語数 .... 95万9,406語（2010年1月現在）
- 読んでいる本 .... Oxford Bookworms Stage 3
  （語彙レベル 基本1,000語）など
- 中1入会時の試験得点 ..85点
- BACEテスト得点 **147点**
  （語彙・文法 54、リーディング 51、リスニング 42）

Dさん

- 読書語数 .... 101万7,550語（2010年1月現在）
- 読んでいる本 .... Cambridge English Readers Level 2
  （語彙レベル 基本800語）など
- 中1入会時の試験得点 ..84点
- BACEテスト得点 **244点**
  （語彙・文法 100、リーディング 69、リスニング 75）

Cさんは、大筋を理解できれば読書が楽しめるタイプのようで、Oxford Bookwormsというシリーズの Stage 3を中心に読んでいました。これは、ある進学校の高校1年生が長文読解の授業で使っているリーダーですから、中学1年生にはかなり難しいレベルです。Cさんは、実際には、細かいところはほとんど飛ばして読んでいるようで、読んだ後にその内容を聞くと、Cさんの説明はシンプルなあらすじだけになることが多くなっていました。

一方、Dさんは、Cambridge English Readersというシリーズの Level 2を読んでいます。これは、Cさんの読んでいるシリーズよりも語彙レベルがやや低いシリーズです。Dさんに読んだ

本の内容を聞くと、たいていCさんよりも説明が長く、細かな点まで触れています。もちろん、読んでいる本が違うので、単純に比較するわけにはいきませんが、Dさんはかなり高い理解度で英文を読んでいることがわかります。

　私たちは、2002年以来、8年間にわたり、2,000人以上の生徒に多読指導をしてきた中で、毎年、年2回ACEテストを実施して、スコアの伸びと読書量、読書スタイルの関係を観察してきました。その経験からすると、英文を十分に理解しないまま、読書語数だけを増やしても、英語力はあまり伸びません。

　先のACEテストの結果を見てわかるとおり、やや雑な読み方をしている中学2年生でも、多読をしていない一般の高3平均点を上回る成績を残しているので、多読の効果はあります。しかし、読書語数は少なくても（少ないと言っても、中1なら年間10万語以上、中2以上なら年間30万語以上が大前提ですが）、英文に書かれている内容をしっかり把握しながら読んでいる生徒のほうが、語数が多くてもただ漫然と読んでいる生徒より、高い学習効果を上げているのは間違いない事実です。

　ですから、むやみやたらに語数だけを考えて多読をするのは、あまり意味がありません。多読といっても、ある程度きちんと理解して読まなければ、期待するほどの効果を上げることはできないのです。

英語多読の効果は「読書量と理解度」で決まる

　理解度を高める必要があるならば、やはり、学校の英文読解の授業のように、しっかりと英文を分析して、また背景知識も補強して、理解度を上げて読む「精読」のほうが、「多読」よりも効果があるのではないか、と思われる方も多いでしょう。実際、日本の英語教育界では、英語力を伸ばすには、読む英文の量は少なくても、わからない単語があれば辞書を引き、1つ1つの英文をきちんと理解して読むべきだという「精読派」が圧倒的多数です。

　しかし、繰り返しになりますが、理解度を上げて読むために、辞書を何度も引いたり、日本語に訳しながら読んだりすると、当然読む量が減ってしまい、英語力もあまり伸びません。SEGの精読クラスで読む英文の量は、中学1年生で1万語程度、高校1年生で5万語程度です。これに対し、多読クラスで読む平均的な英文量は、中学1年生で10万語程度、高校1年生で50万語程度です。精読では、同じ授業時間で、多読の10分の1程度の語数しか読むことができないのです。

　一方、先に挙げたA君、Cさんのように、読む量を増やすために理解度を低くしてしまうと、英語力はあまり伸びません。それでは、どの程度の理解度で多読をするのが、英語力を伸ばすうえで最も効率的なのでしょうか？

　「理解度」を数値化するのは難しいのですが、例えば、読んだ英文の内容に関する設問10題のうち、何題正解できるかを見

【第2章】本当に英語多読が効果的な理由

てみます。主要な内容理解の問題を10題中10題完答できたとしたら、理解度100パーセント、5題正解できたとしたら理解度50パーセントとして判定することは可能です。ちなみに、このような設問は、Graded Readers のいくつかのシリーズには、巻末などに掲載されています。

これまでの多読指導の経験から私なりの結論を言うと、多読で効率的に英語力を伸ばすには、英文の理解度が7〜9割は必要になります。そこで、多読クラスの生徒の何人かのデータをもとに、英語多読における仮説を立ててみました。それは、次のような公式で表すことができます。

英語力の伸びは「(読書量)×(理解度)^4」に比例する

$$E = \text{(読書量)} \times \text{(理解度)}^4$$

英語力の伸び　　(読書量)　　(理解度)^4

英語読書を1回したときの「英語力の伸び」、つまり学習効果は、そのとき読んだ英文の「理解度」を4乗した数値と、読んだ英文の量(=読書語数)とをかけた数値に比例する、ということです。実際に数値を入れて解説しましょう。先ほど84ページで取り上げた中2生、A君とBさんの数値を入れてみます。

「理解度」の数値化については、前記のとおり、内容に関する

設問で推定しました。およそ、A君は理解度60パーセント(理解度0.6)、Bさんは理解度90パーセント(理解度0.9)という結果でした。「読んだ英文の量」は語数で表しますから、そのまま読書語数を当てはめます。すると、次のような計算になります。

A君の英語力の伸び予測＝
　(読書語数1,810,435) × (理解度0.6)^4 = 234632.37

Bさんの英語力の伸び予測＝
　(読書語数495,436) × (理解度0.9)^4 = 325055.55

ACEテストはセンター試験レベルの内容まで含むため、中1の入会時には行っていません。受験すれば、ほとんどの中1生が0点になってしまうでしょうから、ここでは、仮に0点からの伸びと考えましょう。

先に紹介した、英語力の伸びを示す公式によれば、A君の英語力の伸びの予測値は、小数点以下を切り捨てて「234632」、Bさんの伸びの予測値は「325055」という数字で表されます。この2つの数値を比較すると、325055÷234632＝1.38... なので、Bさんの伸びの予測値はA君の伸びの予測値の約1.4倍になっています。

【第2章】 本当に英語多読が効果的な理由

実際、2人のACEテストの得点比は、次のようになります。

A君の得点：Bさんの得点＝571:788＝1:1.38

確かに、公式どおり、A君の得点はBさんの得点の約1.4倍となっています。

1回の英語読書による英語力の伸びや理解度を正確に測る手段はないので、この公式を厳密に証明することは不可能なのですが、SEGでの過去延べ2,000人以上の生徒に多読指導を行ってきた経験から、この公式は大きく外れてはいないと感じています。

理解度100パーセントの精読では効率が悪い

「英語力の伸びは(読書量)×(理解度)^{4}に比例」という仮説は、英語の先生方の間で主流の、「精読しないと英語力は伸びない」という主張の裏付けにもなっています。

理解度60パーセント、70パーセント、100パーセント(＝精読)の場合を考えてみましょう。

おおざっぱに言うと、理解度60パーセントなら、読んだ英文の語数の約13パーセント(0.6の4乗＝0.1296)が英語力向上につながり、理解度70パーセントなら、読書量の約24パーセント(0.7の4乗＝0.2401)が英語力の向上に寄与する、というのが

私の主張（仮説）です。理解度100パーセントなら、読んだ語数がそのまま英語力の伸びに直結します。

理解度が60パーセント程度しかなければ、100パーセントの理解度で読む場合に比べて、読んだ英文の量の13パーセント分しか英語力向上に寄与しないのですから、背景知識を日本語で与えたり、どの語がどの語を修飾しているのかなど、英文を解析したりしながら読む「精読」の作業は、英語力の伸びに大きく貢献するということになります。

理解度60パーセントなら
$$\text{英語力の伸び}=\text{読んだ英文の語数}\times(0.6)^4$$
$$=\text{読んだ英文の語数}\times 0.1296$$
理解度70パーセントなら
$$\text{英語力の伸び}=\text{読んだ英文の語数}\times(0.7)^4$$
$$=\text{読んだ英文の語数}\times 0.2401$$
理解度100パーセント（精読）なら
$$\text{英語力の伸び}=\text{読んだ英文の語数}\times(1.0)^4$$
$$=\text{読んだ英文の語数}\times 1.0000$$

ですから、学校の授業という場で「決められた分量の同じ英文を全員が読む」という前提であれば、「英語力を伸ばすためには、理解度を100パーセントに近づけることが効率的である」と言えます。学校や塾の授業は一斉授業で、一定の時間に、クラス全員が一定の量しか読めませんから、先生が説明を加えるこ

とで英文の理解度を上げる工夫をすることは、理にかなった指導法と言ってよいのです。

しかし、「決められた分量の同じ英文を全員が読む」という前提を外すと、「読む英文をできるだけ100パーセントの理解に近づける」という戦略は、必ずしも最善とは言えなくなります。同じ時間内の読書であれば、理解度70パーセントで読むほうが、理解度100パーセントで読むよりも、読む英文の量は圧倒的に増えるからです。したがって、多読で各自が好きなテキストをたくさん読んで読書量を増やすことができれば、100パーセントの理解度でなくても、もっと学習効果（英語力の伸び）を上げることが可能だと、私は考えているのです。

具体的な数値を入れて考察してみましょう。たいていの高校や予備校の授業では、300〜600語程度の英文を、先生が45〜50分かけて説明するのが標準的です。したがって、45分間に600語の読書量、理解度は100パーセントとすると、この精読の45分の授業での英語力の伸びは600となります。

理解度100パーセントの場合　精読
英語力の伸び＝
　　読書量600語 × 理解度 $(1.0)^4$ ＝ 600
　　　　　　　　　　　　（45分間で600の伸び）

一方、多読のトレーニングをした高校生であれば、分速100

～200語で読書できるようになります。もし、分速100語で読書できるのであれば、45分に4,500語読めることになりますから、読書量は4,500語。この場合の理解度は、70パーセントとしましょう。この数値を公式に当てはめると、次のようになります。

理解度70パーセントの場合 　多読
英語力の伸び＝
　　　読書量4,500語 × 理解度 $(0.7)^4$ ＝ 1080.45
　　　　　　　　　　　　　　　(45分間で1080.45の伸び)

1080.45という数値は、600のちょうど1.8倍に当たりますから、45分間の英語読書において、多読は、精読に比べて1.8倍の効果があることになるのです。ここで、もし、理解度がA君やCさんのように低い場合はどうでしょうか？　例えば、理解度60パーセントの場合、計算は次のようになります。

理解度60パーセントの場合 　多読
英語力の伸び＝
　　　読書量4,500語 × 理解度 $(0.6)^4$ ＝ 583.2
　　　　　　　　　　　　　　　(45分間で583.2の伸び)

英語の伸びは、583.2となり、精読の600と同じ程度になります。つまり、理解度60パーセントで45分間多読するのと、理解度100パーセントで精読するのは、効率がほぼ同じことになります。

逆に言えば、理解度60パーセントでも、楽しく読めるのであれば精読と同じ効果があると考えられるのです。

　私の仮説である「英語読書による英語力伸び＝（読書量）×（理解度）^{4}」という公式は、英語読書の最適な戦略を決めるための公式です。英語力を伸ばすには、つまりこの公式で導かれる数値を上げるには、読書量（語数）と理解度の双方を上げなければなりません。一般的には、理解度を高くしようとすると、読書語数は減り、無理に読書語数を増やそうとすると理解度が減ってしまいますから、自分に合った最適なバランスを見つけることが肝要です。

　したがって、英語力を伸ばすためには、

①読書語数を増やす → 一定時間内の読書速度を上げる
②理解度を上げる → 最低でも70パーセントの理解で読む

　この2つを並行しながら、英語読書（多読）を実践するのがよい、と考えられます。精読のように理解度100パーセントにこだわらず、未知語が20語中1語程度の本を使って70パーセント程度をキープしながら、できるだけ多くの語数を読むようにするのが、最適な戦略なのです。

文法や単語より、文脈を読み取る力を

英文を理解するときに必要な4つの力

これまで、多読をする際は、7〜9割程度の高い理解度で読むことがポイントになるということを、SEGの生徒たちの実例を見ながら説明してきました。実際に、英文を読むときの理解度を上げるには、いろいろな方法があると思います。あらためて、英文を理解するには、どのような力が必要なのかを考えてみると、次の4つの力が挙げられると思います。

①**文脈力**（一般的な常識）
②**連語力**（熟語の知識や、ひとかたまりとなる単語についての知識）
③**単語力**（単語の知識）
④**文法力**（文法の知識）

まず、①は、文脈を読む力です。これは、常識と言ってもいいでしょう。社会生活を送るうえで、人として当然持っているべき判断力です。例えば、読んでいる本の中で、子どもがおぼれているシーンがあったとしましょう。その先がどうなるのか──これからその子を助けようとする展開が予想できるでしょう。あるいは、登場人物が殺人を犯したら、死体を隠したり、その場から逃げたり

するはずだ、といった常識があるからこそ木が読めるのは、日本語でも英語でも同じです。もちろん、そういう予想を裏切られる展開のほうが面白いわけですが、そうは言っても、常に予想を裏切られる展開では、ストーリーについていけません。

また、専門書を読む場合に必要なのは、英語力より、専門分野についての予備知識や背景知識です。例えば、What is the derivative of x^2? という一文を「x^2の導関数は何ですか?」と日本語に訳せても、導関数（derivative）の数学的な意味がわからなければ、It is $2x$. と正解を答えられないのは当然です。英文を理解するのにいちばん大事なことは、常識であり、予備知識、背景知識なのです。

次の②は、本章の前半70ページでも触れましたが、単語と単語の組み合わせ（連語）や慣用表現の知識です。連語力があれば、書かれている英文の1語を読んだ段階で、次の単語を予測できるケースが増えるようになります。例えば、単語レベルで言えば、black と来たら、「次は white が来るのではないか」と予測するのです。このような予測が無意識にできるようになれば、black and white という連語があった場合、この3つの単語を、1語ずつ理解するのではなく、3語を見た瞬間に理解できるようになります。

③は、説明するまでもないと思いますが、「単語の意味をどのくらい知っているか」ということです。77ページで触れたとおり、基

礎的な語彙力がなければ、文脈自体を読み取れませんし、これまで説明したように、未知語が全体の語数の5パーセント以上あると、全体の文章の十分な理解は困難だということです。

そして、最後の④は、文法力です。英文法は、語と語の並べ方のルールと言ってもいいでしょう。英語は、日本語と違って、語順が変わるだけで意味が変わってしまいます。名詞、動詞、形容詞、副詞といった品詞の働きと語順についての文法知識は、英文を正しく理解するためには必要不可欠です。形容詞は名詞を修飾し、副詞は動詞を修飾する、代名詞は、原則として、直前に出てきた名詞のどれかを表している、というような基本的な文法知識は、英文を正確に理解するのに役立ちます。

以上、英文理解のために必要な4つを挙げてみました。現在の英語教育では、③単語力と④文法力については、いろいろな指導の工夫がなされ、参考書や問題集の数も多く、学校の授業でもかなり詳しく丁寧に指導されています。しかし、一方で、①文脈力や②連語力については軽視されすぎているのではないかと思います。

先述のとおり、white and black は文法的には正しい表現ですが、あえて white を前に出す必然性がなければ、black and white のほうがより自然な表現です。このように、日本人の英文には、よく「文法的には正しいが、ネイティブ・スピーカーなら、そ

ういう言い方はしない」というものが多く見られます。ネイティブ・スピーカーに英文をチェックしてもらったとき、It's grammatically okay, but not appropriate.(文法的には間違いではないが、適切ではない)などと、指摘されたことのある方も多いのではないでしょうか。それは、これまでの英語教育が、語彙は語彙だけ、文法は文法だけというように、それぞれ独立させて学ばせてきたために、文脈に合わせて言葉を使う力(文脈力)や自然な単語の組み合わせの知識(連語力)が欠けているからではないかと思うのです。

　本章前半で説明した、多読による語彙習得のメカニズムを考えれば、このような文脈力や連語力、そして単語力も、多読によって身につけることができます。しかし、④の文法力についてはどうでしょうか? では、「多読と文法の関係」について、これから述べていきましょう。

文脈の中で読むことで文法知識が活かされる

　読者の皆さんの多くは、文法を学ぶとき、文法ルールを日本語で詳細に解説した文法書を利用してきたと思います。そこには、「現在完了形」や「受動態」といった文法ルールを説明するために、実際の英文の使用からは切り離された、短い例文ばかりが集まっています。こういった文法書とともに教えられる、現在の文法の授業では、英文を読んでその意味を理解するための文法

知識というよりは、カッコの中に適切な語を入れさせるといった文法問題を解くための文法知識を学ばせているようにすら感じられます。

　皆さんは、国語の授業で、主語や述語、形容動詞といった日本語の文法用語を習う前から、すでにたくさんの文を読んだり、聞いたりして理解していたはずです。つまり、その言語を正しく使うためには、文法的に正しいかどうかを判断できることが必要になりますが、それと文法用語を理解するということは、まったく別のことなのです。日本語の場合でも、私たちは、「主語」や「形容動詞」を習いましたが、研究者には「日本語には主語は存在しない」という主張や「形容動詞という品詞は不必要」という主張をする人もいます。どちらが正しいかについてはいまだに論争が続いていますが、この事実を見ても、言葉を文法だけで説明するのがいかに難しいかがわかるのではないでしょうか。したがって、英語学者を目指すのでない限り、普通の英語学習者は文法に深入りするのではなく、文法よりも文脈で理解する力をつけたほうが、実用性が高いと思います。

　実際、文脈で理解する力や一般常識がなければ、文法知識に従って読んでいても、解釈が決まらない英文だってたくさんあるのです。例えば、1970年代に人工知能の研究などに使われた次の英文を見てください。

Time flies like an arrow.

　この一文しか与えられていなければ、文法的には次のような解釈が可能です。

① Time flies を主語、like を動詞ととらえて「時蠅は矢が好きだ」
② like を「〜のような」という意味の前置詞ととらえて、全体を名詞句として「矢のような時蠅」
③ Time を主語、flies を動詞とするなら「時間は矢のように飛んでいく」

　これは、ことわざになっているので、どこかで習った方も多いでしょう。「time fly =時蠅」という蠅はいないという常識から、①〜③のうち、③がいちばん自然な意味で、この文は「光陰矢のごとし」という意味だと推定できるわけです。
　しかし、もし time fly という架空の蠅が登場するファンタジー小説であれば、状況によっては①②の解釈のほうがより自然な場合もありえます。いくら文法の知識だけがあっても、前後の文脈がなければ、あるいは背景にある事実や文化を知らなければ、英文の意味を正しく把握できないのは珍しいことではないのです。

高い文法知識がなくても、英文は理解できる
　最後に、それほど高い文法知識がなくても、文脈で理解する力や十分な語彙知識によって、文章の意味は正確に理解できる

という例を挙げましょう。

E君は、高校1年4月にSEGの多読クラスに入会し、3か月たった6月末と、それから7か月後の1月末にACEテストを受験しています。この7か月間の得点変化は次のとおりです。

多読クラス・E君の成績の変化

語彙（150）	88	↗	**126**
文法（150）	108	↘	101
リーディング（300）	177	↗	**270**
リスニング（300）	204	↗	**300**
合計（900）	577	↗	**797**
			（220点の伸び）

E君は、7か月におよぶ多読の結果、リーディングとリスニングの力が大きく伸びて、リスニングは満点に、リーディングもほぼ満点（実際には1問のミス）という結果になりました。リーディング、リスニングで、ともに目覚ましい成績アップを見せていることから、多読によって、読解力と聴解力は飛躍的に向上していると言えるでしょう。

次に文法の点数を見てみましょう。150点満点中101点は、そもそも低い得点ではありません。実際、このACEテストの文法分野の高校3年生の平均点は83.5点、進学校の高3生の平均は106.6点ということですから（75ページ参照）、高校1年生

としては平均以上の文法知識を身につけていると言えます。とはいえ、E君の場合、文法の得点はもともと108点でしたから、7か月たってもまったく伸びず、わずか7点ですが、下がってしまったのです。しかし、それにもかかわらず、読解力と聴解力がアップしているのですから、いわゆる「テストの文法問題が解ける」ための文法知識は、英文を理解するうえで必須ではないと言えるでしょう。

　E君の試験結果を見て、「多読では、文法の点はまったく伸びないのか?」と疑問に思った方もいるでしょう。しかし、E君のケースは、たった7か月の多読の成果でしかありません。これまで私が見てきた多読クラスの生徒たちの成績を見ると、まず、リーディングとリスニングの力が大きく伸び、その後、遅れて文法の力が伸びていくケースが数多く見られるのです。57ページでも触れたとおり、多読で文法力を身につけるには、多少時間がかかるのです。

　次のページの表は、中2から高2まで、4年間多読をしていたF君、G君の多読語数と、ACEテストの試験結果の推移を示したものです。F君は、85万語読んだ中3の1月末の時点で、リーディングは300点満点となりました。しかし、文法は、150点満点中、93点(得点率62パーセント)でした。一方、G君も、78万語読んだ中3の1月末の時点で、リーディングは300点満点となりましたが、文法は89点(得点率59パーセント)でした。

F君	中2・6月	中2・1月	中3・1月	高1・1月	高2・11月
語彙 (150)	64	82	110	125	150
文法 (150)	64	81	93	123	**136**
リーディング (300)	191	202	300	300	300
リスニング (300)	173	188	250	271	300
合計 (900)	492	553	753	819	886
読書語数	5万語	30万語	85万語	140万語	280万語

G君	中2・6月	中2・1月	中3・1月	高1・1月	高2・11月
語彙 (150)	76	78	88	102	129
文法 (150)	45	78	89	99	**115**
リーディング (300)	149	164	300	300	279
リスニング (300)	176	195	274	232	300
合計 (900)	446	515	751	733	823
読書語数	5万語	30万語	78万語	160万語	260万語

しかし、その後、読書語数が増えてゆくにつれ、ご覧のように、2人とも文法の点が伸び、高2の11月末には、それぞれ136点（得点率91パーセント）、115点（得点率77パーセント）を獲得し、F君、G君は、翌年、ともに第一志望の東京大学に合格してい

ます。

　実際には、2人とも、中3の夏、高1の夏にもACE試験を受けており、そこでは文法や語彙の得点が若干落ちたり、リーディングで満点を逃したりしています。試験に多少の誤差はつきものなので、実力が上がっていても得点が多少下がることもありますが、全体としては全分野において、確実にスコアを上げていったことがわかるでしょう。

　なお、F君は、高3のときに、問題がすべて英語で出題され、すべて英語で解答する「国際地理オリンピック」に日本代表として参加し、見事、金メダルを受賞しました。「国際地理オリンピック」に参加するには、当然、地理について卓越した知識が必要ですが、問題を読んで解答するための十分な英語力も兼ね備えていないと、太刀打ちできないのです。そのせいもあってか、国際地理オリンピックのメダリストは、まだ日本に1人しかいません。その、たった1人のメダリストは、多読で英語を学び、多読で英語力を伸ばしていたのです。

多読と文法学習は「車の両輪」

　以上、生徒たちの実例で見てきたように、「多読で文法力はまったく伸びない」というのは俗説にすぎません。正しくは、「少量・短期間の多読では、文法はほとんど伸びない」ということなのです。ある程度の期間、じっくりと多読に取り組めば、文法力も必

ず伸びてきます。

　ただし、繰り返しますが、私は、多読さえすれば文法の学習をしなくてよいとか、文法学習は有害だと主張しているわけではありません。F君も、G君も、学校での文法の授業は、英語力を伸ばすのに役に立ったと証言していますし、私も、多読と文法学習は「外国語習得のための車の両輪」だと思っています。

　ただ、文法学習は多読と並行してこそ、身につくのです。実際の英語の使用と切り離された、短文の状態で文法を学んでも、本当の意味では力になりません。読者の皆さんの中にも「テストで英文法の成績はよかったのに、英字新聞やウェブサイトの英文を読みこなすことができない」と感じている方も多いのではないでしょうか？　それは文法の学習が欠けているからではなく、実際の文章にたくさん触れていないため、文法知識を活用できるまでに至っていないからなのです。文法力をつけるために必要なのは、習った知識を確認するための文法テストではなく、大量の用例に触れられる多読なのです。

　ここまで、多読と語彙力、文法力の関係について、SEGの生徒たちの実例を挙げながら説明してきました。このような結果をふまえて、英文の理解力を上げるための学習としては、「文脈力」と「連語力」の育成にいちばん多く力を注ぐべきだと言えるでしょう。英語読書（多読）に全体の6割を、単語に1割、文法に

1割、会話や作文に2割の学習時間を割り当てるのが、最も効率のよい英語学習法なのではないか、というのが私の提案です。

 そして、その「文脈力」や「連語力」を育てるのは、これまで説明してきた「未知語の少ない、やさしい英語の本から始める英語多読」にほかなりません。では、次章から、具体的な英語多読の実践方法に入っていきましょう。

第3章

本当に力がつく多読の実践方法

楽しく気楽に英語を読むために

英語読書を「続ける」ための多読三原則

ここでは、具体的にどのような方法で英語多読をスタートしていけば、ネイティブ・スピーカーの大人が読むような本を比較的短期間に読めるようになるのかを解説します。まず、英語多読を実践するための三原則を紹介しましょう。

① 辞書は引かない
② わからないところは飛ばす
③ つまらなければやめる

この「多読三原則」は、もともと、現在の新しい英語多読法が広まるきっかけになった、『快読100万語！ ペーパーバックへの道』（ちくま学芸文庫）の著者、酒井邦秀さん（電気通信大学准教授）が発表したもので、英語多読の本質をうまく突いています。しかし、この多読三原則の表現は、それまで辞書を使って訳読しながら英語を勉強してきた大学生や大人に対してはぴったりなのですが、これから英語を初めて学ぶ小学生や中学生に対しては、必ずしも適切でない面があります。

例えば、多読指導をしていると、本に出てくる英語の意味がさ

っぱりわからないまま、ただページをめくるだけ、という生徒が時折現れます。そういう生徒に対しては、「わからない単語が少ない、やさしい英語の本を読みなさい」と指導するわけですが、生徒の中には「だって、"わからないところを飛ばす"のが多読なんでしょ」と反論してくる生徒もいるのです。

　文字どおり、わからないところを飛ばすだけでは、残念ながら英語力は伸びません。前章でも触れたように、まったく理解度が低いまま「読んだ」といっても、英語力は伸びないのです。わからないところが多いようであれば、自分に合った英語レベルの本に変えるしかありません。後から詳しく説明しますが、②は「わからないところは飛ばして、わかっている部分をつなげて推測しながら読む」ことを意図しているのです。

　また、これから英語を学ぶ小学生や中学生には、基礎的な単語の意味を正しく把握していないこともあります。そういったとき、正しい意味を確認するには、辞書を引いたほうがよいでしょう。①を文字どおりに受け取って「辞書は絶対引くな」という単純な指導をしていると、生徒によっては、英文を読むときに意味がとれなくても気にならなくなってしまいます。それでは、英語力は伸びません。誤解しないでいただきたいのですが、SSS方式の多読では、「どんな場合も絶対に辞書を引くな」と言っているわけではないのです。したがって、生徒には、どういう場合に辞書を引いたほうがよいか、ということをきちんと教える必要があります。

この多読三原則は、あくまで「英語多読」のため、つまり英語の読書を「楽しく、長く続けるため」のものであって、これ以外の方法で英文を読んではいけないというものではありません。これは、「英語学習の三原則」や「英文理解の三原則」ではないのです。仕事で使う文献・資料、専門書、契約書など、その英文の内容をできるだけ正確に理解する必要があるときは、わからないところで立ち止まり、辞書を引くべきなのは言うまでもありません。

　このような不都合もあるため、SEGでは「多読三原則」を、それぞれ次のような肯定的な表現に改訂し、その意図をより明確にしています。

① **辞書を引かずに楽しめるものを読む**
② **わかるところをつなげて読む**
③ **自分が面白いと思う本を選んで読む**

　この三原則は、楽しく英語多読を続けるためのコツだと言ってもいいでしょう。多読は、たった数冊、本を読んだからと言って、すぐに効果が現れるものではありません。「多読＝たくさん読む」ということですから、個人差はあるものの、それなりに時間をかけて英語の読書を続けることが重要です。しかし、人間、誰しも苦痛が伴っていることは、なかなか長続きしないものです。したがって、英語読書を続けるには楽しくなければならないのです。

それでは、次項から、「多読三原則」について、1つずつ具体的に解説していきます。

辞書は後から意味を確認するために使う

最近は、中学・高校でも、英語多読を取り入れる進学校が増えてきました。とはいえ、中学1年のときはやさしい絵本から始めても、学年が上がるにつれて、生徒には難しすぎる本を与えてしまうケースが多いようです。しかし、難しい本を無理に読ませても、決して英語力は伸びません。私の主宰するSEGの英語多読コースに在籍しているHさんの声を紹介しましょう。

> 学校（中高一貫の私立女子校）*の多読では、中1のときは、Oxford Reading Tree シリーズを辞書なしで読むだけでよかったので楽しかった。でも、中2で読んだ、*Billy Eliot*（Scholastic ELT Readers Level 1）は、（英文が）難しくて、学校でも（わからない単語があれば）辞書を引きなさいと言われた。中3では、*Little House on the Prairie*（Oxford Dominoes Stage 3）を読んだけど、まったくわからなくて読むのが苦痛だった。SEGの多読クラスに来て、やさしい本を読んだら、本当に辞書を引かなくても（英語の意味が）わかって読書が楽しくなった。
>
> *（ ）内の補足は筆者による

Hさんの言うように、意味のわからないまま本を読まなければならないのは、誰にとっても苦痛でしかありません。一方、前章で何度も指摘したように、わからない単語が出るたびに辞書を何度も引きながら読むのも、多くの人にとって面倒なことです。また、英語を日本語に訳しながら読むと、短時間で脳が疲れてしまい、一度に大量には読めません。

　英語読書を続けるうえで最も大切なのは、「読書を楽しむ」ことです。そのためには、楽に読めるように、英文の難易度を下げたほうがいいのです。辞書を引かずに、すいすいと英文を楽しむために、自分の知っている単語だけでも意味がわかる、やさしい英語の本を選んでください。

　「辞書を引かずに楽しめるものを読む」という多読三原則①は、本を気楽に読むための大原則です。元の多読三原則で「辞書は引かない」とあるのは、わからない単語に出合っても絶対に辞書を引かず、意味のわからないまま先に読み進めなければならない、というわけではありません。まずは、辞書を引かなくても、すらすら簡単に読めるレベルの英文素材を使用する、ということなのです。

　もし、英文を読んでいてわからない単語が出てきたら、前章で述べたとおり、まず文脈からその単語の意味を推測しましょう。多くの場合、前後の流れからこんな意味ではないかと、大まかに推測できると思います。そして、その単語が何度も出てきたとき、そ

の推測が正しかったかどうかを確認するために辞書を引いてみるのは、決して悪いことではありません。ただ、毎回毎回、「推測が正しいか」と辞書で確認するのは大変ですし、それによって読書という行為自体が中断されてしまいます。つじつまの合う推測ができ、そのまま読み進めて食い違いが生じなければ、普段は辞書を引く必要はないのです。

辞書を引く場合は、10ページにつき1語以下を目安にするのがいいと思います。それ以上辞書に頼らないと文全体の大意がつかめないのであれば、その本は今のあなたの英語力では難しすぎるのです。難しすぎる本では、英語読書を楽しむことはできません。その本は、いったん脇に置いて後回しにして、もう少しやさしいレベルの本を探してください。

特に、これから初めて英語多読に取り組むという大人の方は、本のページを開いてみて、わからない単語がほとんどない本からスタートしましょう。英文を1語1語、日本語に訳しながら読んでいくのではなく、英単語の組み合わせから、日本語を経由せず、直接、英語のまま意味をとって読んでいくことができて、初めて英語読書を楽しむことができるのです。

なお、辞書を使わないで本を読むのが原則とはいえ、基本的な意味や文法ルールを確認するには、辞書は不可欠です。手元に良質の英和辞典・英英辞典が1冊ずつあると便利でしょう。入門期には『ユース・プログレッシブ英和辞典』、ちょっと進んだら

『ケンブリッジ英英和辞典』(以上、小学館) などがお勧めです。辞書を選ぶときは、書店で実物を見て、いくつかの単語を引き、語義の説明が納得できるものを選ぶとよいでしょう。

わかる単語をつなげて理解するスキル

文脈から、わからない語の意味を理解する

　最初の数ページを見たときに、知らない単語がない本を選んだとしても、ある程度ページ数のある本であれば、知らない単語や、自分が知っている意味だとつじつまが合わない単語に出合うことになります。そんな単語を見たとき、適当に推測したり、そこは飛ばしたりして、全体の大意をつかむ力をつけることは、英語を読むうえでの重要なスキルです。それが、多読三原則の②「わかるところをつなげて読む」ということです。

　絵本であれば、絵が内容理解の手助けとなります。絵のない本であっても、前後の文章がきちんと理解できていれば、多くの場合、文脈からその単語の意味がつかめるものです。わからないところを気にするのではなく、わかるところをつなげて全体を理解するという読み方を身につけましょう。

　そこで、ここでは、具体的な例文を挙げて「わかるところをつなげて読む」方法を説明します。解説を読む前に、まずは読者の皆さんも、118ページの英文にチャレンジしてみてください。高

校生向けのやや難しい英文を用意しました。

　この英文は、イギリスの劇作家、ウィリアム・シェークスピア（William Shakespeare）による四大悲劇の1つ、『オセロ』（Othello）の簡約版です。物語の舞台はベニス公国で、黒人のムーア人（Moor）でありながら将軍を務めるオセロ（Othello）は、彼を陥れようとする部下、イアーゴ（Iago）のたくらみによって妻の貞節を疑い始め、悲劇が起こります。人間の嫉妬と愛を描いた古典作品です。

　ここに引用した英文は、英語学習者用の読み物、Graded Readersを代表するシリーズの1つ、Penguin ReadersのLevel 3（使用語彙 1,200語レベル）に収録されています（160ページ参照）。また、この本は、劇の台本形式になっており、ここではその冒頭部分を使用しました。

　ちなみに、知人の予備校講師によれば、難関大学の英語2次試験を解くのに必要な英単語は 基本2,000語と学術語1,000語だそうです。したがって、標準的な大学生なら、基本1200語で書かれたPenguin Readers Level 3程度の英文はすらすら読めるはずなのですが、実際には多読の訓練をした後でないと、なかなか読めないのが実情です。

Scene 1 A street in Venice

[*Roderigo and Iago are walking along the street together.*]

RODERIGO [*angrily*]: Iago, I thought we were friends. You happily spend my money, but you knew…

IAGO: Why don't you listen to me? I didn't know about it.

RODERIGO: Do you really hate him? Can I believe that?

IAGO: Of course I do! Three of the most important men in this city wanted to make me his lieutenant, but he refused to listen. 'I've already picked my officer,' he said. And who was the chosen man? Michael Cassio! A man who has never even been to war. And what job do I get after all my years as a soldier? I'm an *ensign*, that's what! The Moor's *ensign*. Now, Roderigo, tell me, do I love him or do I hate him?

RODERIGO: So why are you working for him?

IAGO: [*laughing*]: Oh, don't worry! I have my reasons. My face doesn't show what's in my heart. [*stopping and pointing*] Look! Here's her father's house. Why don't we wake him up and destroy his happiness?

RODERIGO [*shouting*]: Brabantio! Signor Brabantio! Wake up!

IAGO: Thieves, Brabantio, thieves! They are robbing your house, stealing your daughter and your money.

Penguin Readers Level 3: Othello,
William Shakespeare (Retold by Rosalie Kerr)

多読のときの英文リーディング法

　英語学習2、3年で、使える語彙が1,000語くらいの生徒の場合、薄い灰色の帯部分の単語の意味がわからないことが多いと思います。その観点から、この英文を読む場合の頭の動きをシミュレートしてみましょう。《》の中は、英文を読むときの心の声だと思って、次の筆者訳を読んでください。

場面1　ベニスのある通りで
［ロデリーゴとイアーゴは一緒に通りを歩いていた］

ロデリーゴ（怒って）：イアーゴ、僕は思っていたよ、君と僕とは友達だって。君はうれしそうに《spend ［(金を)使う］が現在形で書かれているから、習慣的に「使っている」ということだな》いつも僕のお金を使っているよね。でも、君は知っていただろ……《何を知っていたのかな？　お金がないってことかな》

イアーゴ：どうして、いつも僕の言うことを聞かないんだい？　それについては《君がお金に困っているってことかな？》知らなかったんだ《この2人は単なる友達じゃなさそうだな》。

ロデリーゴ：君は、本当に彼を hate しているのか？《him って誰のことだろう？　hate はどういう意味かな？》　僕はそれを信じられるのか？《信じていいのかって、念を押しているんだな》

イアーゴ：もちろんそうだとも！　3人の最も重要な人たちが、この

【第3章】　本当に力がつく多読の実践方法

町のね、僕を彼の《さっきの him のことかな》 lieutenant にしたかったのに《lieutenant は、人がなるものだから役職か何かだな》、彼は耳を傾けることを refuse したんだ《ここは、3 人の言うことを聞かなかった、ってことだろうから、「refuse ＝断る」か》。「私はすでに my officer を 1 人選んでいる」って、彼は言ったんだ《officer は、police officer［警察官］みたいな人かな》。選ばれた男は誰か？ マイカル・キャシオだぜ！ 一度も戦いに出たこともない男なのに！《ということは、イアーゴは戦いに出ているんだな》 僕が手に入れた職は何だ？ soldier として何年も過ごした後に《戦いに出ていたイアーゴの以前の身分だから、soldier は戦士のことだろう》。僕は ensign なんだとさ！《ensign も役職かな？ この文脈からすると lieutenant より低い役職のようだな》。Moor の ensign だぞ《Moor は何だかわからないけど、his lieutenant の his と同じものを表しているのかな》。さあ、ロデリーゴ、言ってくれ、僕は彼を好きなのか、嫌っているのか？《love の反対だから、hate は「嫌う」ってことか。イアーゴは、彼を嫌っている証拠を示していたんだな》

ロデリーゴ：じゃあ、どうして彼のために働いているんだ？

イアーゴ（笑って）：気にするな！ 僕には僕の理由があるんだ。僕の顔は、心の中にあるもの《感情のことか》を見せないんだよ。［立ち止まり、指さして］見ろ！ 彼女の父親の家だ《her とは誰のことだろう？ 彼の妻か、恋人かな？》。彼を起こして、彼の幸せを destroy しようぜ《幸せを destroy する、だから「destroy ＝壊す」と

いう意味かな》。

ロデリーゴ（叫びながら）：ブラバンショー！　シニョール・ブラバンショー、目を覚ませ!

イアーゴ：泥棒!　ブラバンショー、泥棒だ!　お前の家は robbing されているぞ、娘と金が盗まれているぞ!《They は thieves を受けていて、家を rob して、娘と金を盗むんだから、「泥棒」とか「強盗」のことか。となると、rob も壊すとか、盗むのような意味かも》

　いかがでしたか?　もちろん、実際には、日本語に訳さず、以上のようなことを英語のままで考えながら、というより、無意識的に読んでいくわけです。皆さんは、英文を読んで、どのように理解したでしょうか?

　もし、①2人の男性、ロデリーゴとイアーゴが言い合っている情景が思い浮かび、そして②イアーゴが自分の立場に対して不満を持っていること、それから③2人が、ある家に向かって「泥棒だ!」などと叫んでいることがわかったのであれば、大意は把握できているのですから、多少わからない単語があっても読み進んでかまいません。

　しかし、もし、これら①②③のポイントがわからなかったのであれば、この文章はあなたには難しすぎることになります。そんな場合には、もっとやさしい本を選びましょう。難しすぎる英文を、辞書を引き引き読んでいても時間がかかるばかりで、なかなか効果は

得られません。

　具体的な数値で言えば、この英文は、人名を含めて202語であり、そのうち灰色の部分をわからない単語とすると、10語が未知語となります。率で言うと、4.9パーセントが未知語、つまり5パーセント未満です。前章で触れたように、未知語が20語に1つ、つまり5パーセント未満が多読には最適な英文で、このくらいの英文が、語彙1,000語程度の学習者が読むのに適切なレベルと言えます。

　さて、前述の英文理解のシミュレーションでわかるとおり、hate、lieutenant、refused、officer、ensign、soldier、Moor、destroy、thieves、robbing の10語のうち、hate、soldier、refuse、destroy、thieves の5語の意味は文脈から自然に推測でき、officer や rob の2語も前後関係から何となくわかるということになります。これで、大意は7割以上把握できていると言えるでしょう。

　もちろん、ここで5語の意味がほぼ推定できたからと言って、hate、refuse、destroy などの語彙がそのまま身につくと主張しているわけではありません。このストーリーを読んでいる状態では自然に意味がわかっても、10分後には忘れてしまうかもしれません。しかし、そのような経験を、10回も20回もするうちに、つまり、何十万語も読むうちに、これらの単語に何度も再会し、自然にその意味が覚えられてしまうというのが私の主張です。そして、そ

うやって身につけた語彙は、意味だけでなく使い方まで頭に入っているため、なかなか忘れることはないのです。

　本を読んでいる途中で、soldier や robbing などのだいたいのイメージはわいてくるものの、その意味がはっきりしないこともあるかもしれません。どうしても気になるのであれば、読書を中断したときに、あるいは読み終わったときに、辞書を引いてその意味を確認すればよいでしょう。

　ただ、前にも書いたように、辞書を引く回数は、10 ページに 1 回が適切な回数です。それ以上頻繁になると、辞書を引くのが大変になります。また、その単語を覚えようと思っても、辞書を使った数が多ければ多くなるほど、覚えられなくなるでしょう。辞書は引くにしても、回数を少なくし、そのぶん引いたときの印象を強くするほうがよいのです。その後、別の本を読んだときに同じ単語に出合えば、今度はすんなり理解でき、その単語も自分のものとして記憶に定着させることができるはずです。こうして、気になる単語との出合いを大切にしてください。

　なお、Penguin Readers 版の *Othello* は、SEG では中 3 多読クラスの全員がリスニングしながら読む本に指定しています。付属 CD の音声は非常に臨場感があり、最後に Othello が妻を殺してしまうシーンでは、かわいそうな妻に同情して、毎年涙目になる女子生徒が何人もいます。ときには、感極まって授業中に泣き出してしまう生徒もいるほどです。少々わからない単語があ

っても、ぜひ一度聴いてみてください。英語ドラマを聴いて感動する経験を、皆さんにも味わっていただきたいと思います。

多読はリスニング力アップや試験対策にも役立つ！

　多読三原則の②「わかるところをつなげて読む」は、英文を意味のまとまりの単位で読めるようになるためのルールです。この読み方に慣れてくると、リスニングにおいても同じように「わかるところ＝聞き取れたところ」だけをつなげて、全体が理解できるようになります。

　大学入試でも、TOEICテストでも、日本人にはリスニング・テストに苦手意識のある人が多いようです。リスニングが苦手な人は、英文を聞いているとき、わからない単語が出てくるとパニックに陥ったり、聞き取れなかった部分に気をとられたりしてしまい、結果的に解答に必要な部分を聞き取れずに終わっているのではないでしょうか。一字一句漏らさず聞き取ろうとするばかりに、聞き取れない単語やわからない表現があると、そこで集中力が途切れてしまうのです。

　しかし、現在行われているリスニング・テストは、英文そのものを全部聞き取れたかどうかをチェックするより、音声の内容を理解できたかどうかを判断する問題が主流です。ですから、聞き取れなかったところにこだわらず、聞き取れたところから大意を把握すれば得点できるケースが多いのです。

リスニング・テストでは、当然ながら、辞書を引くことも、もう一度聞き直すこともできません。わからない単語や聞き取れない表現があっても、わかったことから解答を作らなければなりません。英語多読によって「わからないところはいったん置いておき、わかるところをつなげて読む」読み方に慣れてくると、リスニングのときにもまったく同じ戦略が使え、高得点がとれるようになるのです。

　このことは、74ページの多読クラスと精読クラスのリスニングの伸びの差を見ても明らかでしょう。精読クラスでは、7か月後のACEテストで19.2点しかスコアアップできなかったのに対し、多読クラスでは6か月後で30.3点も得点を伸ばしています。多読クラスでは朗読CDのリスニングも行うので、もちろん英語そのものの聞き取り能力が高まっているとは思いますが、多読（多聴）によって、単語レベルではなく、いくつかの単語を意味のまとまりでとらえ、和訳せずに語順どおりに理解する力がついているからこそ、得点が大きく伸びているのです。

　そして、辞書を使わずに、わかるところをつなげて理解するという読み方は、リーディングの試験対策にもなっています。入学試験でもTOEICテストでも、辞書の持ち込みは不可なので、試験では自分の英語力でわかる部分だけを頼りに解答しなければならないからです。多読によって、わかるところをつなげて英文を理解する習慣をつけることは、読解・聴解ともに、試験対策としても大変有効であると言えるでしょう。

中学1年生から多読を始めて TOEIC 850点！

　具体的な例を紹介しましょう。SEGの中学3年多読クラスの受講生の例です。I君は、中学まで英語学習の経験はなく、中1のときに多読クラスに入り、41ページで紹介したOxford Reading Treeのような簡単な本から多読を始めました。Jさんは、中2の夏休みに多読の夏期講習を受け、中2の冬休みから多読クラスに参加しました。

　2人とも、中3の夏休みには、*Harry Potter*（ハリー・ポッター）シリーズが読めるようになっていました。そこで、中学3年生ではありますが、試しにTOEICテストを受験してもらったところ、次のような結果が出ました。I君は受験時に多読で約300万語、Jさんは約240万語を読んでいました。

I君（国立大学付属中学3年）
Listening（リスニング） ……… 465点
Reading（リーディング） ……… 385点
総合 ……… **850点**

Jさん（私立中学3年）
Listening（リスニング） ……… 435点
Reading（リーディング） ……… 370点
総合 ……… **805点**

TOEICテストは、Test of English for International Communication（国際コミュニケーション英語能力テスト）の略称で、英語によるコミュニケーション能力を評価するためのテストです。テスト結果は、10点〜990点のスコアで評価されます。リスニングとリーディングの2つのセクションに分かれ、問題はすべて英語で出題されます。近年、企業では、TOEICテストが、海外出張・海外駐在の基準や昇進・昇格の要件になることもあり、多くの大学生や社会人が受験しています。

　2人の結果を、大学生、および大卒新入社員の平均スコアと比較してみてください。

大卒新入社員平均（2009年度）
Listening（リスニング）……………251点
Reading（リーディング）……………208点
総合……………**460点**

大学生平均（2008年度 IPテスト*）
Listening（リスニング）……………242点
Reading（リーディング）……………188点
総合……………**430点**

出典：TOEIC Newsletter 特別号（2009年8月）（TOEIC公式ウェブサイト）
*団体特別受験制度のこと。企業・学校など、実施団体の都合に合わせて随時TOEICテストを実施できる。

TOEIC運営委員会のウェブサイトにある資料「スコアとコミュニケーションレベルの相関表」によれば、多読クラスのI君、Jさんのスコアは、ともにBレベル（730〜860点）で、「どんな状況でも適切なコミュニケーションをとれる素地(そじ)を備えている」という評価です。一方、大卒新入社員平均および大学生平均のスコアはDレベル（230〜470点）で、「通常会話で最低限のコミュニケーションができる」という程度です。2人の中3生のTOEICスコアの平均は、リスニング、リーディングともに、大卒新入社員と比べて、およそ1.8倍の数字を示しています。

　Jさんは、私立中学に通っているので、英語の授業時間数も週5時間あり、また別の塾でいわゆる文法・精読中心の一般的な英語学習の指導も受けているので、このスコアが多読だけによるとは言い切れません。しかし、I君は、国立大学付属中学なので英語の授業数は週4時間で、ほかの英語塾には通っていません。少なくともI君のスコアについては、多読が果たした役割は大きいと言えるでしょう。さらに、中3でTOEIC 800点を超えた生徒はこの2人だけですが、TOEIC 800点以上のスコアを獲得した高1生は、SEG多読クラスでは珍しくありません。

　もちろん、TOEICのスコアだけで英語力が測れるわけではありませんが、この結果は「わかるところをつなげて読む」という英語多読のスキルが、TOEIC受験対策としても有効であることを示唆しているのではないでしょうか。

お仕着せではなく、自分で選んで読む

自分が面白いと思う本を選ぶ

　最後に、多読三原則の③「自分が面白いと思う本を選んで読む」について、説明しましょう。ほとんどの学校、塾・予備校では、与えられた英語テキストを一斉に読むという授業が行われています。しかし、生徒によって読める本のレベルも違えば、どんな本を面白いと思うかも違います。英語の教材や洋書が高価だった時代には、そろって同じものを読むのはやむを得なかったかもしれません。しかし、現在のようにいろいろな英語教材が登場し、さらに洋書が比較的手ごろな値段で手に入るようになった時代でも、多くの学校や塾で、リーディング指導というと、一斉指導しかなされていないのは、大変もったいないことです。

　Leveled Readers や Graded Readers に代表される多読教材には、さまざまな種類があります。ファンタジーや冒険小説、恋愛ものからミステリーものといったフィクション（物語）から、自然科学や歴史、雑学、実用書などのノンフィクションまで、日本語の本を読むのと同じように、英語多読であっても、自分の趣味趣向に合った本を読むのがいちばん楽しいでしょう。

　生徒が10人いれば、その興味や好みも10通りです。SEGにも、物語を好む生徒もいれば、ノンフィクションを好む生徒もいます。

私たちは、先に挙げた *Othello* のような古典にも触れてもらいたいので、子どもたちが楽しく読めそうな古典をベースにした Graded Readers を多数そろえています。また、同時に、英語圏の子どもたちに人気のある児童書やティーンズ向け書籍もたくさん用意しています。指導する側と生徒の間には年代の差があるので、本の好みに差が出るのは当然です。大人の好みだけで読む本を押しつけるわけにはいきません。

中学・高校生には、自分の好きな内容の本を英語で読む経験をできるだけ増やしてもらいたいと思っています。自分が見たことのある映画をベースにした本や、日本語で読んだことのある本・児童書、あるいは、まったく内容が予想できない本でも、タイトルや表紙、中身のイラストなどを見比べて自分で選んだ本であれば、それだけ内容に対する興味も、読みたいという気持ちも、ずっと強くなることでしょう。

しかし、実際に面白いかどうか、あるいは、レベル的に読めるかどうかは読んでみないとわからないので、もともとの多読三原則にあるように、SEG の生徒たちには「つまらない本は途中で読むのをやめてよい」と伝えています。

多読を始めたばかりで、Oxford Reading Tree のような 8 〜 32 ページくらいの薄い本、あるいは 1 冊 2,000 語以下の本を読んでいる時期には、つまらないと感じたときには、すでに読み終えてしまっていることが多いでしょう。しかし、多読が進んで、2,000

語以上の長い本を読めるようになったときには、ある程度読んでつまらなかった本は、途中で止めたほうがいいのです。つまらないものを我慢しながら読んでも記憶に残らず、理解度も低くなります。少し読んでみたけど、どうも気乗りがしなかったり、英語のレベル的に読み進めるのが大変だったりする場合は、脇に置いておいて、ほかの本を何冊か読んだ後に、あらためてその本を手にとればよいでしょう。多読に向いた本はたくさんあるので、特定の本にこだわる必要はないのです。

多読で、苦手な英語が"好き"になる

多読クラスのK君(当時、中学1年生)は、入会後のアンケートに、このような感想を寄せてくれました。

> 本当は塾にはどこにも行きたくなかったのだけれど、親の強い勧めで、SEGの英語多読の夏期講習をとることにした。まさか、本当に、自分で本を選べるとは思っていなかったのでびっくりした。

K君は、中学1年1学期の学校の授業で、英語がすっかり嫌いになってしまったため、心配した母親が慌ててSEGに連れてきました。英語が苦手ということだったので、K君には、Oxford Reading TreeのStage 1から順々に読んでもらい、と

きどき少し難しいけれど、内容が楽しい絵本も自由に選んでもらうようにしました。

「選ぶ」と言っても、まったく自由に選ばせるわけではなく、6冊程度読み終わるたびに、指導する側が次に読む本の候補を数冊用意して「今の本よりやさしいのと、同じくらいのと、難しいのとどれがいい?」と聞いて、その中から選んでもらうのです。3つの選択肢から選ぶだけでしたが、K君にとっては、とても新鮮に感じたようです。

読むペースについても、指導する側が無理に急かすようなことはありません。多読クラスの教室で読む場合でも、クラスメートと一緒に同じ本を読むわけではないので、自分のペースで読めばいいのです。もし、時間がたっても、なかなか読みが進んでいないようであれば、やはりその本が「難しすぎる」わけですから、次はやさしめの本にするようにアドバイスします。

学校や先生に強制されて読まされるのではなく、読みたい本を選べる——本を読むペースも、読む本の英語レベルも、自分の判断によってやさしいものも難しいものも選べる——つまり、英語の本を読むことのすべてにおいて、自分で決めることができるのが多読の最もよいところです。何度も繰り返しますが、苦痛を感じるようでは続きません。自分の興味のある本であれば、英語であっても取り組む意欲が高まっていくのは当然のことでしょう。

ただ、誤解されやすいところですが、「自分の判断で選べる」

多読環境を作るということと、「生徒に任せて自由放任にする」ということはまったく違います。最終的にその本を読むか読まないかは、生徒自身に選ばせなければいけませんが、最初から生徒に自由に選ばせると多読指導はうまくいきません。多読に慣れていないうちは、無数の本から自分のレベルに合った本、自分の好みに合った本を選ぶことができないからです。139ページ以降で詳しく説明しますが、多読指導とは「生徒が読めそうなレベルの本の中から、生徒が興味を持ちそうな本を提示すること」で、その中から生徒が自分の読む本を選んでいくのです。

さて、先のK君ですが、こうして多読を続けるうちに、いつのまにか英語が得意になり、中2の終わりには100万語の読書を達成し、高1になってからは最近映画化された人気児童小説、*Percy Jackson and the Olympians*（邦題『パーシー・ジャクソンとオリンポスの神々』）を楽しむようになっています。

読書記録をつけ、多読という行為を可視化する

これまで、いろいろな事例を紹介しながら、英語読書を楽しむための「多読三原則」について詳しく解説してきました。さらに、この三原則とは別に、強くお勧めしたいことがあります。

それは、読書記録をつけることです。特に、多読で英語力を確実に伸ばしたいと思う方は、記録をつけて読書量をチェックしましょう。日本語の本を読むときでも、本のタイトルや著者名、内容

に対する感想や評価をノートやブログに書くなどして、読書記録をつけている人がいるかもしれませんが、英語多読の読書記録では、それらに加え、読んだ本の総語数を記入することが重要になってきます。

　語数というのは、そのとおり、読んだ単語の数です。例えば、Look at the ball.（そのボールを見て）という文ならば、4語です。Go-cart のように、2語以上の単語がハイフンでつながって1語となっている単語は1語として数えます。Oxford Reading Tree のいちばんやさしい Stage 1 の本であれば、1ページに1文程度なので1冊当たり20語くらいになるでしょう。また、*Harry Potter*（ハリー・ポッター）シリーズの第1巻であれば約7万7,000語になります。

　読んだ本とその本の総語数を記録することにより、あなたがどのくらい英語を読んだか、つまり「読書量」を把握することができます。1冊の本の総語数を調べるには、多読用の Graded Readers などであれば、その本の裏表紙に Word count あるいは Number of words として総語数が表示されています。また、SSS英語多読研究会のウェブサイト（http://www.seg.co.jp/sss/）や『英語多読完全ブックガイド』（古川昭夫・神田みなみほか編著、コスモピア）などで、多読にお勧めの主な書籍の語数を調べることが可能です（巻末付録②参照）。

　読書記録で、自分がこれまで読んだ英語の語数を記録してい

くと、自分の進歩と進捗（しんちょく）状況が確認できます。10万、30万、100万、200万語と読み進めていく中で、あともう少しで〇〇万語だと思うと張り合いが出てきます。単に英語を読んでいるだけだと、自分がどの程度読み、どの程度レベルが上がってきたのかが正確にはわかりません。読書という、本来、数値化しにくいものを、「語数」という物差しで測ることで、頭の中だけで行われている読書という行為が可視化され、自分の到達地点がわかるようになります。

　また、生徒同士、生徒と教師、あるいは大人同士であっても、同じ英語多読を行っている人の間で、読書記録を媒介にして、励まし合い、感想を言い合ったりして話ができるというメリットもあります。ネットでは、SSS英語多読研究会のウェブサイトのほか、多読に関する掲示板や個人ブログを開設している人々が増えており、たくさんの人々が交流しています。読書記録をつけておけば、ネットを通じて、多読に関する悩みを相談するときも、自分の達成した語数や読んでいる本などの情報を伝えられ、より適切なアドバイスや励ましをもらうことができます。また、こういった掲示板やブログのやりとりをしなくても、閲覧は自由なので、例えば、自分と同じくらいの多読経験者の読書記録を参考にすることもできるでしょう。

　最初の300万語を読むくらいまでは、ただ漠然と読み進めるのではなく、きちんとした記録をとって、自分が今どの位置にいる

のか、確認しながら進めることが重要です。なお、300万語を超してからは、語数やレベルはあまり気にする必要はありません。

読書記録を参考に、自分に合った本を選ぶ

具体的にSEGの生徒たちの例を挙げて、どのように読書記録をつけたらよいかを紹介しましょう。多読指導をする場合、生徒に読書記録をつけてもらうことは重要です。というのは、生徒1人1人に適切な本を勧めるには、過去の記録が必須だからです。そこで、SEGでは、生徒にオリジナルの多読手帳を渡し、次ページのような読書記録をつけさせています。

多読の読書記録には、次のことを書き込みます。

・読んだ本の題名（シリーズ名）
・YL（読みやすさレベル［150ページ参照］）
・読んだ本の語数
・累計語数
・本の評価
・感想など

評価のつけ方は、個人の自由でかまいませんが、SEGの多読クラスでは原則として、「☆：とても面白い、◎：かなり面白い、○：まあまあ面白い、△：いまいち、×：つまらない」の5段階で、いずれかの記号をつけるように指導しています。中には、ハートの

新中1生（小6）の読書記録

本を楽しむ3原則	①訳さない	②7〜9割の理解度で読む		
No.	月/日	タイトル	シリーズ/出版社	YL
1	3/30	Who Is It?	ORT1	0.1
2	3/30	Floppy Floppy	ORT1	0.1
3	3/30	Six in a …		
4	3/30	A Good …		

③自分に合った本を読む　LR Listening Reading　L Listening　SH Shadowing

語数 累計/この本	所要時間 分 速さ w/min.	評価	リスニングなど	感想・メモ
0 / 16	16 分 / 語	○	LR L SH	読みやすかった。
/ 10 26	10 分 / 語	☆	LR L SH	Floppyがかわいかった。
/ 19 45	19 分 / 語	◎	LR L SH	ベッドの足がおれている所が細かい。面白い。
/ 11 56	11 分 / 語	◎	LR L SH	次に何が出てくるのかワクワクして楽しい。

高1生の読書記録

本を楽しむ3原則	①辞書は引かない	②分からないところはとばす		
No.	月/日	タイトル	シリーズ/出版社	YL
41	6/9	Cambodia Animal Rescue	FPR3	3.0
42	6/14	RICKY RICOTTA'S MIGHTY ROBOT	RRMR #1	1.2–1.6
43	6/16	THE CANTER… GHOST		
44	6/16	MIGHTY ROBOT THE MUTANT MO…		

③つまらなければやめる　LR Listening Reading　L Listening　SH Shadowing

語数 累計/この本	所要時間 分 速さ w/min.	評価	リスニングなど	感想・メモ
158691 / 9641 159607	9641 分 / 語	○	LR L SH	動物を救うのは大変だなと思った。
/ 1074 160150	1074 分 / 語	◎	LR L SH	RICKYのロボットに驚いている両親の顔がおもしろかった。
/ 5500 166250	5500 分 / 語	◎	LR L SH	GHOSTがバターでスリップして転んでいるのがかわいそうにあわれだった。
/ 1772 168022	1772 分 / 語	◎	LR L SH	MIGHTY ROBOTの指が、金属削りであることにおどろいた。

【第3章】本当に力がつく多読の実践方法

数や、♪の数で評価する女子生徒もいますし、単に1〜5の数値で評価する男子生徒もいます。この記号も各自の創意に任せており、他人が理解できる形ならどんなもので表現してもよいことにしています。

多読クラスの生徒ではなく、個人で多読を行っている大人の方々には、Excelで記録をつけている人もたくさんいます。ちなみに、そのひな型はSSS英語多読研究会のウェブサイトからダウンロードできます。また、SSS英語多読研究会が無償で提供しているウェブ書評システム上に、自分の読書記録を作ることも可能です。ただ、コンピューターのファイルは消えてしまうこともあるので、ときどきプリントアウトしたり、USBメモリ等にバックアップをとったりすることをお勧めします。

読書記録の書き込み方は、人それぞれです。SEGの生徒の読書手帳を見ると、感想欄にぎっしり感想を書く生徒もいれば、まったく書かない生徒もいます。それは、多読を行っている大人でも同じで、感想をこまめに書く人もいれば、まったく書かない方もいます。いろいろ書くのが面倒な方は、ある程度、多読に慣れてきたら、感想は無理して書かなくてもいいかもしれません。ただし、読んだ本の語数、累計語数、YL（読みやすさレベル）、評価だけは必ず書くようにしたほうがよいでしょう。

多読では、やさしい英語の薄い本から始めるので、本当にたくさんの本を読むことになります。語数だけでなく、本のタイトルとそ

の評価を書き残すだけでも、これまでの多読学習の道のりを振り返ることができます。読者の皆さんが自分で本を選んで読む場合にも、読書記録をつけていれば、どのレベルの本なら楽に読めるのか、どのレベルの本ならちょっと頑張れば、あるいは内容が気に入れば読めるのか、また、どのシリーズが、どの作者の本が、自分に合っていることが多いのか——など、自己判断する際の大きな参考になるでしょう。ぜひ、読書記録をつけて本選びに役立ててください。

なお、SSS英語多読研究会や日本多読学会が製作した読書記録手帳は、現在、教室用、児童教室用、一般用の3種類があります。教室用、児童教室用は、多読図書専門書店、SEG Bookshop (http://www.seg.co.jp/bookshop/) で通信販売されています。また、一般用は、語学出版社のコスモピアから発行されており、一般書店で入手可能です (巻末付録②参照)。

正しい指導によって英語読書の習慣を

「自発的に読む」までもっていくのが多読指導

多読用の本は、自分で選べるようになるのが理想的です。しかし、数多くある読んだことのない本の中から自分の好みに合った本を選ぶのは、実はそう簡単なことではありません。

多読指導を始めて数か月のある高校で、1年生の多読授業

を見学したときに、こんなことがありました。ある生徒が、*Magic Tree House*（1冊5,000語程度）シリーズの第1巻を読んでいました。この児童書は、高校生なら、20万〜30万語ほど多読してからでないと、普通は読めないレベルの本です。この生徒は相当英語ができるに違いないと思い、「この本が読めるなんてすごいね！　この本は読みやすい?」と聞いてみました。ところが、実際の返事は、予想していたものとまったく違っていました。その生徒は、次のように答えたのです。

「どの本を読んでいいか、わからなかったので、この本を何度も読んでいるんです。これで3回目です。でも、単語が難しくて、よくわからないところが多いんです」

　よくわからないとはいえ、5,000語の英語の本を読み切るのですから、ある程度、意欲も力もあるのだと思います。しかし、最初から *Magic Tree House* を読むのは、やはり無理があります。そこで、「このくらいの長さの本が読めるなら、もっとやさしい単語で書かれた Oxford Bookworms というシリーズの Stage 1 がいいんじゃないかな?」と勧めました。そして、このシリーズから、*Goodbye Mr Hollywood* という一冊を渡して、数ページ読んでもらったところ、

「これはすごく読みやすいです。こんな読みやすい本があるなんて知りませんでした。ありがとうございます。これからは、しばらく、このシリーズを読んでみたいと思います」

という答えが返ってきたのです。この高校の先生は生徒の自主性に任せていたようなのですが、多読を始めたばかりのころの本選びはとても大切です。多読のスタート時期には、あらかじめ指導者が適切な本を数冊選び、その数冊の中から本人が選ぶ、ということを繰り返しながら、各自にとって最も適切なレベルで、なおかつ、好みの分野の本を提供していかなければなりません。指導者が生徒の英語力や好みを把握するには、最低でも3、4回は読書の様子を観察する必要があるのです。

　第1章で触れたように、英語多読自体は夏目漱石の時代から推奨されていたので、「多読指導」もそのころから行われていました。そして、21世紀になって、酒井邦秀さんが100万語多読を提唱して以来、私が本書で勧めている「SSS英語多読法」という、新しい多読法も広がってきましたが、学校教育の現場では、まだまだ夏目漱石時代の多読が主流です。例えば、全国英語教育学会会長、中教審外国語専門部会委員などを歴任された、金谷憲さん（東京学芸大学教授）は、「多読指導」について次のように述べています。

> ここで示したようなプログラム*には教師の時間もそんなにとらないし、手間もそんなにかからない。生徒は自発的に読むのだし、読んだ後の処理も、教師にとって大きな負担にはならない。シートにサインするだけである。

『英語授業改善のための処方箋』(金谷憲、大修館書店)
*高校生を対象にした多読プログラムのこと(筆者注)

　しかし、実際に多読指導に取り組んでみると、「自発的に」読む生徒は、非常に少ないことがわかります。生徒に多読を続けさせるには、教師には大変な努力が必要になります。英語の本を読む習慣のない生徒1人1人に適切なレベル・内容の本を紹介し、励ましながら「自発的に読む」ところまでもっていくことが「多読指導」なのです。生徒たちが、英語の本を読む楽しさに気づき、自分で本を選んで積極的に英語の本を読むようになるには、早くても1年間、遅い場合は3年間程度かかるのが普通です。そこまで、いかにモチベーションを下げずに多読を続けさせるかが、教師の腕の見せどころなのです。

　SEGの中学1年生たちも、最初の2か月はもの珍しさもあり、積極的に英語の本を読んでいきます。しかし、それから先は、そう順調に進むわけではありません。多読クラスでは、授業時間内に1時間程度、英語読書を行うほか、宿題として家で本を数冊読むことになっています。しかし、学校で中間試験が始まると、どうしても家での多読時間がとれなくなり、場合によってはクラスも欠席することになります。試験の1週間前〜試験中は、多読に集中できなくなるのもやむを得ません。試験後、また多読クラスに復帰することにより、多読が再開され、継続していくのです。

もし、授業内に読書の時間を確保し、適切な本をアドバイスするのでなければ、中間試験、期末試験、文化祭、運動会などの学校行事のたびに、多読する生徒は半減してしまい、1年後には、ほとんどの生徒が多読をやめてしまうでしょう。

　SEGの多読クラスのように、授業内で英語の読書をするための時間をきちんと設け、適切な本を選べるような指導を行わない限り、ごく少数の意志の強い生徒以外、実際に多読を続けることは、とても難しいのです。

　多読指導は、一般的な英語指導とはまったく異なります。ですから、全国の中学・高校で、多読を広く普及させ、効果のある指導を行うには、将来的に、英語科目の中に「多読」という科目を設定し、多読専門の教諭が指導をする必要があると思います。

　ここまで、多読指導の大切さと難しさを紹介してきましたが、近くに多読指導者がいない読者の皆さんは、「では、どうやって適切な本を選んだらいいの?」と不安に思ってしまったかもしれません。しかし、多読をやってみたいと思われた皆さんには、すでに英語学習に対するモチベーションが十分にあるのですから、適切な本を選ぶことさえ注意すれば、きちんと多読を実践することができるはずです。そこで、第4章では、その本選びについて詳しく説明していきます。

SEGの多読クラスの授業内容

　第4章で本選びの話に移る前に、SEGでの多読クラスの授業内容について、ここでまとめて紹介しておきましょう。多読指導を取り入れてみようという学校・塾の先生はもちろん、読者の皆さんにも、参考になる部分があるのではないかと思います。

　中学生と高校生では、授業の進め方は変わってきますが、ここでは中学1年生のケースを紹介します。授業は、週1回3時間で年29週、これに加え春・夏・冬の講習時には1日3時間で年19日実施します。授業回数の合計は、年48回、年間授業時間数は144時間です。1クラスの人数は12名程度です。

　まず、多読クラス講師は、事前に担当生徒の読書記録を見て、今日の授業では何を読んでもらうかを決めておきます。そして、授業開始15分前には教室に入り、クラスに入ってきた生徒から順番に、前週に貸した本を読んだかどうかを確認します。もし読んでいないときは、そのまま読むように指導します。読んできた生徒には、本の感想を聞き、それに応じて、次に読む本を選んで渡します。

　先述のとおり、講師が渡した本が気に入らない場合には、生徒は別の本を一緒に選ぶことも、自分自身で選ぶこともできます。原則として、講師は、同じレベルの本、同じ長さの本を生徒に渡しますが、前週に渡した本が読めていない場合や、生徒自身が疲れているような場合は、少しやさしいレベルの本や短い本を選

ぶようにしています。また、そろそろ、レベルを上げてもいいころだと判断した場合には、やや上のレベルの本を渡すことになります。読む本が決まった生徒は、小型のCDプレーヤーで、本に付属の朗読CDをイヤホンで聴きながら、各自読書を始めます。

　このように授業の最初には、生徒1人1人と話をしながら、次にどの本を読むべきかを指導します。生徒が読んでいる間、講師は生徒から返ってきた本を棚に戻しながら、生徒が読書している様子をチェックします。高校生の場合は、CDを聴きながら読書をする生徒もいますし、CDは使わずに黙読で読書する生徒もいます。

　ときどき、生徒から「この単語、どんな意味ですか?」「これって、こういう意味ですか?」「この単語とこの単語は似た意味ですが、どう違いますか?」といった質問を受けることもあります。そのときは、日本語あるいは英語で意味を教えますが、このような質問は、前半80分の多読授業のうち、1～2回くらいしかありません。

　また、生徒が読書中、講師は、生徒の様子を観察しながら、読書記録をチェックし、最近読んでいる本のレベルと、理解度、好みから判断して、宿題として生徒に渡す本を数冊選び、1人1人に声を掛けながら渡していきます。学校と違って、塾では随時新規入会者がいるので、新しい生徒に対しては、毎回読み終った本よりやさしい本か、同程度の本か、もう少し難しい本がいいかを尋ねます。

【第3章】　本当に力がつく多読の実践方法

渡された本以外にも借りたい生徒は、休み時間に自分で選びます。ある程度、英文が読めるようになると、自分で本を選んでいく生徒が増えていきます。

　授業の途中、全員同じ本を使って、10〜15分のリスニング、一斉音読、シャドーイング（CDなどの英語音声をまねてほぼ同時に発声する）を行います。授業の最後に、生徒は、授業時間中の読書語数を記録用紙に記入し、宿題として借りていく本を記録手帳とは別の貸し出し記録用紙に記録します。これで、前半80分の多読の授業は終わりです。

　20分の休憩の後、後半の授業として、ネイティブ・スピーカーの講師による文法や会話の授業が80分行われます。当然、授業はすべて英語で、英語圏のテキストを使用しています。高校生になると、多読で読む本のレベルや長さ、そして会話の授業で使うテキストは変わってきますが、基本的な授業形態はさほど変わりありません。

　以上が、SEGでの多読クラスの流れです。大人の読者の皆さんでも、週1回80分なら、まとまった時間を作ることができるのではないでしょうか。特に多読を始めたばかりの時期は、決まった時間を確保するようにしないと、なかなか続けることはできません。自分でスケジュールを決め、リスニングやシャドーイングも、できる範囲で織り交ぜながら、自分のペースで多読を進めていってください。

ある程度、多読に慣れてくれば、決まった時間でなくても、通勤時間や家事の合間などをうまく利用して多読ができるようになります。そして、1年以上続ければ、必ず前の自分より進歩している自分を発見できるはずです。

　それでは、次章で、多読をする際に、最も重要な「本の選び方」を詳しく紹介していきましょう。

第4章

本当に効果が出る、多読図書の選び方

日本人に合わせた多読図書のレベル設定

本選びの基準「読みやすさレベル」(YL) とは？

　前章では、英語多読の具体的な実践方法を、「多読三原則」に従って説明してきました。そして、多読を続けるためには、何よりも、自分の知らない語が全体の5パーセント以下になる、ごく簡単な英語の本を選ぶことが重要であると述べました。

　しかし、数多くある本の1冊1冊について、未知語が5パーセント以下かどうか、あるいは、自分にとって簡単かどうかをチェックするのは事実上不可能です。それでは、いったいどうやって自分のレベルに合った本を選べばよいのでしょうか？

　Graded Readers のような英語学習者用の読み物については、各出版社によって独自にレベル分けされていますが、統一した基準ではありません。ある出版社の Level 3 は読めるけれど、別の出版社の Level 3 だと難しくて読めない、ということは珍しくないのです。

　そこで、日本の英語学習者、とりわけ、初・中級の学習者のために、私たちが日本独自に開発した基準が「読みやすさレベル：Yomiyasusa Level = YL」です。YL に従えば、自分の英語レベルに合った本を比較的簡単に探すことができます。

　YL（読みやすさレベル）とは、日本人の英語学習者を対象に、

学習者用の読み物と英語圏の児童書、一般書に対して、独自に難易度を統一的に定めた基準です。語彙や文法、文のつながりや長さ、総語数などの言語的な読みやすさ、わかりやすさだけでなく、文字の大きさや字間、挿絵の配置などの見た目の読みやすさ、また、書かれている内容についての文化的、あるいは背景知識の必要性などについての視点から、YLは判定されています。

　YLを判定するシステムは、SSS英語多読研究会の運営する書評システムに参加しているボランティア、SSS英語多読研究会会員、日本多読学会会員が協力して、実際にその本を読んだ人々によって行われています。現在は、すでに多くの人が読んでYLが定まっている、何冊かの本の難易度と比較してYLを定めています。

　各個人が感じる読みやすさは、読書経験や英語学習経験によって異なるので、YLも、例えばYL 2.0 - 2.5のように、ある程度の幅を持って表示されています。自分の読みたい本のYLは、SSS英語多読研究会のウェブサイト（http://www.seg.co.jp/sss/）や『英語多読完全ブックガイド』（古川昭夫・神田みなみほか編著、コスモピア、巻末付録②参照）で調べることができます。ちなみに、難関高校の入試英文は、YL 2.0 - 2.5程度、センター試験の英文は、YL 4.0 - 4.5程度、難関大学の入試英文は、YL 6.0 - 6.5程度という判定になっています。

愛知県・豊田市の豊田工業高等専門学校（豊田高専）で、長年多読指導に当たっている西澤一教授は、英語多読用リーダーのレベルについて、次のように語っています。

> 　英語多読用のリーダー・テキストには「TOEIC〇〇点以上」といったレベル表示があるものもありますが、それを信用してはいけません。多読の経験がない場合、この表示通りの本は難し過ぎる場合がほとんどです。「英検〇〇級」もそうです。これを信じて読み出して、途中で投げ出した人や多読自体をあきらめてしまった例は多数あります。それに比べて、YLは、実際に多読している人、多読指導をしている人が数値を決めているので、十分に信用できると思います。自分が簡単に読める本から、ゆっくりと、レベルを上げていくのが多読で英語力を伸ばすコツです。

　なお、実際に多読をしてみると、内容が面白ければ、多少YLが高く、知らない語が多くても読み切れることがあります。一方、予備知識や興味がない内容の本であれば、YLが低くて未知語がまったくなくても、内容が理解できない、あるいは、理解する気にならないことも珍しくありません。多読を始めたばかりの人が本を選ぶ際、YLは大いに参考になりますが、YLや本に表示された語彙のレベルを絶対視するのではなく、英文を読んで「わかっ

た」という自分自身の感覚を大事にするよう、心がけてください。

　なお、アメリカの児童書には、編集者が主観で決めている RL（Reading Level）表示があります。これは、小学校で何年間学んでいると読めるかを表示するもので、例えば RL 2.5 は、小学校で２年５か月間学習した生徒（通常、小学３年生の中ごろ）が読める本ということです。すべての本に表示されているわけではありませんが、たいてい裏表紙の下のほうに表示されています。ちなみに、アメリカの小学校の授業は実質９か月しかないので、小数部分は 0.0 - 0.9 の間になります。RL は、私たちの経験からすると、かなり信頼でき、日本人英語学習者にも十分に参考になると思います。

基本 2,000 語をマスターすれば英語は使える！

　具体的な本選びに入る前に、多読を実践して実用的な英語力をつけるためには、どのレベルの本がすらすら読めるようになればよいのか、そして、どのくらいの量を読めば、そのレベルに到達できるのかを説明しましょう。

　まず、次ページの表を見てください。これは、多読図書として日本でいちばん売れている学習者用リーダー Oxford Bookworms（ODW と略記）と Penguin Readers（PGR と略記）、および英語圏の児童書の YL レベルとその YL レベルに当たる本を読むために必要な headwords（基本語）数を表にしたものです。

YL(読みやすさレベル)	headwords	学習者用リーダー		英語圏の児童書
YL 0.8-0.9	200-300	OBW Starter	PGR Easystarts	幼稚園児向けの絵本
YL 1.0-1.9	300-400		PGR Level 1	小1向けの本
YL 2.0-2.9	400-800	OBW Stage 1、2	PGR Level 2	小2向けの本
YL 3.0-3.9	1,000-1,600	OBW Stage 3、4	PGR Level 3	小3向けの本
YL 4.0-4.9	1,700-2,200	OBW Stage 5	PGR Level 4	小4向けの本
YL 5.0-5.9	2,300-2,500	OBW Stage 5、6	PGR Level 5	小5向けの本
YL 6.0-6.9	3,000-3,800		PGR Level 6	小6向けの本

　headwordとは「辞書の見出し語」という意味ですが、ここではそのレベルの本を読むために知っておきたい基本語だと思ってください。つまり、YL1.0 - 1.9の本を読むためには、基本300語程度の意味を知っていなければ、高い理解度で読みこなすことができないというわけです。

　また、表の学年は、英語圏の児童の対象学年を示します。おおざっぱに言って、英語圏の小学3年生向けの本（RL 2.0 - 2.9）はYL 3.0 - 3.9程度ということです。したがって、YLと、先ほど紹介したアメリカの基準、RL（Reading Level）にはかなり密接な関係があります。

　語彙教育の専門家、Paul Nation博士（65ページ参照）の

研究結果によれば、頻出の2,000語のheadwordsが語彙として身についていれば、新聞記事の英文なら80パーセント、会話なら90パーセント以上を理解できるそうです。それに加えて、自分の仕事に必要な専門語彙1,000語程度を知っていれば、仕事の道具として英語を十分に使いこなせるということです（P. Nation, "Teaching Vocabulary", Heinle Cengage Learning）。

ですから、読者の皆さんなら、頻出の2,000語をマスターすることを最初の目標にするとよいでしょう。頻出2,000語をマスターできれば、学習用の英英辞典が問題なく使えるようになりますし、英語圏の小学高学年向けの児童書も読めるようになります。また、大学入試で言えば、センター試験レベルの英文も、基本2,000語で十分に解答できるはずです。

しかし、ここで注意していただきたいのですが、ただ知識として2,000語の意味がわかればいいというわけではありません。自分の言葉として2,000語を自在に使いこなせるくらいマスターしなければならないのです。そのためには、これまで説明してきたように、単語帳で1語1訳として暗記するのではなく、多読によって1つの単語について、たくさんの用例に触れ、さまざまな使われ方に慣れていく必要があるのです。

目標をこまめに設定して、300万語を達成しよう！

では、多読で基本2,000語をマスターするには、どのくらいの

量を読めばよいのでしょうか？　先に結論を言えば、154ページの表にあるとおり、OBWならStage 5、PGRならLevel 4程度の本がすらすらと読めるようになれば問題ありません。

　SEGの多読クラスでも、高校2年が終わるまでに、OBWのStage 5、PGRのLevel 4が、全員読めるようになることを目標に指導しています。SEGの受験指導の経験から言えば、高2終了時にYL 4.5 – 5.5の本を、高い理解度で自在に読めるところまで多読をすれば、高3の1年間、ごく普通の入試対策をするだけで、東大、一橋大、国立大医学部といった難関校に合格できる英語力が身につくからです。もちろん、大学入試は、受験科目の総合点で決まるので、実際に合格するにはほかの科目も勉強しないといけませんが。

　先に触れたPaul Nation博士は、世界各地で指導した結果から、「1年間に50万語読めば、多読は非常に高い効果がある」と主張しています。SEGでの指導経験からも、1年間に50万語以上多読をすると相当高い効果があると言えます。そこまでいかなくても、愛知県・豊田市にある豊田高専での多読指導では、1年間に30万語読むことができれば、かなりの効果が見られています。

　これらのことをふまえて、SEGの中高生多読クラスでは、次のような目標を立てて英語読書に取り組んでもらっています。

> 中1・2から始めた人は、高3までに300万語
> 中3・高1から始めた人は、高3までに200万語
> 高2から始めた人は、入試までに100万語

　実際、SEGの多読クラスでは、小学校のとき英語をほとんど学習していない生徒たちでも、平均して中1終了時までに20万語、中2終了時までに60万語、中3終了時までに100万語を多読します。

　大人の皆さんでしたら、もっと速いペースで読めるでしょう。これから始める方は、最初の10万語を1か月、次の10万語を1か月、次の50万語を3か月というように、語数と期間で目標を立てるのがお勧めです。目標期間を設定するときは、まず、自分の生活の中で、多読のためにどのくらいの時間を確保できるかを考えてください。

　例えば、週4時間くらいが多読にとれるなら、分速80語で読んだとして、1か月（4週間）に、80語×（60分×4時間）×4週＝7万6,800語の読書が可能となります。このペースであれば、10万語は1.3か月、100万語は13か月で達成できることになります。しかし、大人の皆さんの場合、仕事や家庭の都合で、必ずしも予定どおりに時間が確保できないことも多いでしょう。したがって、現実的には、この半分くらいを目標値に設定するのがよいと思います。週4時間の読書時間が確保できそうなら、「3か月で10万語」「2年で100万語」といった目標にするのです。

【第4章】　本当に効果が出る、多読図書の選び方

目標を定めることで読書ペースをつかめるようになり、忙しい生活の中でも、確実に多読の時間を作るためのモチベーションを維持することができます。目標は長いスパンではなく、数か月単位でこまめに設定しましょう。例えば、3か月で10万語が無理だとわかったら、次の3か月はもっと低めの目標語数に変えるのです。目標を立てたからには、できるだけ達成したいものです。そのためにも、無理のない計画を立ててください。

　多読を習慣化するために、最初の300万語ぐらいまでは、このように比較的短い期間を決めて、次々と目標を立てていくのがよいでしょう。慣れれば読書速度は速くなっていくので、思ったより短い期間で目標を達成することができるはずです。300万語を超えたら、英語の基礎力は十分身についています。ですから、その後は、目標を設定したり、語数を数えたりすることにこだわらず、好きなときに好きな本を読んでいけばよいでしょう。

　ゼロから始めても、理解度7～9割で300万語の多読をすれば、基本語2,000語が自在に使えるようになります。したがって、第1章で触れた疑問、「英語を身につけるには、どのくらいたくさん読めばいいのか」に対する答えは、ずばり「300万語」ということになります。300万語の多読を達成し、YL5.0‐6.0の英文がすらすら読めるようになれば、大学入試レベルの英文も問題なく読めますし、さらに仕事に関する専門語を加えれば、ビジネスでも英語をツールとして使えるようになるのです。

多読を始めるときに必ず読みたい本

多読図書の種類

では、ここから具体的に、読むべき本を紹介していきましょう。英語多読で、主に読む本は以下のとおりです。

[メインの3種類]
①英語学習者用の段階別読み物 (Graded Readers)
②英語圏の子どもたちの学習用段階読み物 (Leveled Readers)
③英語圏の絵本、児童書、ティーンズ向けの一般書

多読図書は、ここに挙げた3種類から、本人の英語レベルや状況に合わせて選んでいきますが、典型的な多読用の本ばかりだと飽きてしまうことがあります。また、もともと本を読む習慣のない人は、やさしい英語とはいえ、これらの本だけでは、読書自体なかなか続けられないかもしれません。

そこで、多読クラスでは、本人の好みに応じて、下記④〜⑥のような併用素材も用意しています。

[好みに応じて併用]
④英語圏の雑誌
⑤英訳マンガ (manga：日本のマンガを英訳したもの)
⑥英語字幕つきDVD (海外映画、海外ドラマ、日本のアニメの英語版)

まず、メインで使用する多読図書について詳しく説明していき

ましょう。すでに第1章で触れましたが、①の英語学習者用の段階別読み物は Graded Readers（以下、GR）と呼ばれます。GR は世界中で 100 種類以上あると言われていますが、SEG の多読クラスで主に生徒が読んでいるのは、次の8種類です。

なお、ここにある略称は、本書およびSSS英語多読研究会、日本多読学会が便宜的に命名しているもので、各出版社が使用する略称とは必ずしも一致していません。

① Penguin Readers（略称 PGR）

[レベル分け] 7段階 (Easystarts 〜 Level 6)
[出版社] Pearson Longman
（ピアソン・ロングマン）

世界でいちばんタイトル数の多い GR です。アガサ・クリスティやジョン・グリシャムなど、有名作家の小説の簡約版や、最近の映画をもとに書き起こされたリーダーが多数あります。なお、出版社の方針が最近変わり、いくつかのタイトルは、Penguin Active Reading という姉妹シリーズに移行しつつあります（163 ページ参照）。ほぼすべてのタイトルに 朗読 CD が用意され、巻末に単語リスト（WORD LIST）がついています。

② Oxford Bookworms（略称 OBW）

[レベル分け] 7段階 (Starter 〜 Stage 6)
[出版社] Oxford University Press
（オックスフォード大学出版局）

内容的にハズレが少なく、古典文芸ものも、オリジナルものも、非常に読みやすいのが特徴です。SEG の中学・高校生にいちばん人気のあるリーダーです。

内容も、レベルが上がるにつれて大人向けになっています。ほとんどすべてのタイトルに朗読 CD が用意され、巻末に単語リスト (Glossary) がついています。特に、Tim Vicary さんのオリジナル作品は、読みやすく人気が高いものの 1 つです。古典の簡約の仕方がうまく、原作の雰囲気を残している本が多数あります。

③ Cambridge English Readers（略称 CER）

[レベル分け] 7段階 (Starter/Beginner ～ Level 6)
[出版社] Cambridge University Press
（ケンブリッジ大学出版局）

すべて書き下ろしのオリジナル・ストーリーの GR です。ミステリーや恋愛ものが多く、ヘタな TV ドラマより面白いという評判で、SEG の高校生には、男女問わず、人気が高いシリーズです。特に、*Hotel Casanova* では、たった基本 400 語レベルで、本格的な人間ドラマが楽しめます。すべてのタイトルに朗読 CD が用意されています。標準英語でない方言などがあるときのみ、巻末に単語リスト (Glossary) がついています。

④ Macmillan Readers（略称 MMR）

[レベル分け] 6段階 (Level 1 ～ Level 6)
[出版社] Macmillan Publishers Limited
（マクミラン）

全体の長さや語彙レベルの割に、一文が短いので読みやすく、YL (読みやすさレベル) が低めに設定されています。*Dawson's Creek* や *Princess Diaries*、*007* などの映画や TV ドラマを原作にしたシリーズに人気があります。ほぼすべてのタイトルに朗読 CD が用意

【第4章】 本当に効果が出る、多読図書の選び方

されています。レベル3以上のほとんどの本の巻末に単語リスト (Glossary) が載っています。

⑤ Scholastic ELT Readers（略称 SCE）

[レベル分け] 4段階 (Starter ～ Level 3)
[出版社] Scholastic UK (スカラスティック UK)
（国内販売は R.I.C. 出版）

　他社に比べて新しい GR だけに、斬新な内容ばかりで、SEG の生徒には非常に人気が高いシリーズです。TVドラマや映画を原作にした作品が多く、また娯楽ものだけでなく、歴史もの、社会派ものまであり、大人にも楽しい読み物だと思います。ほぼすべてのタイトルに朗読CDが用意されています。ちなみに、Michael Jackson のライフ・ストーリーは、発売直後にイギリスで初版が売り切れとなった大人気作品。SEG の生徒の間でも引っ張りだこでした。

⑥ Oxford Dominoes（略称 ODM）

[レベル分け] 4段階 (Starter ～ Level 3)
[出版社] Oxford University Press
（オックスフォード大学出版局）

　レベル分けは、OBW と同じですが、Starter は OBW Starter より文が長く、次のレベルの Level 1 は OBW Stage 1 より短くなっています。したがって、OBW 0 から OBW 1 に移る途中で ODM Starter、ODM 1 を間に挟むとスムーズにレベルアップできます。効果音入りの朗読音声に加え、英語学習用のクイズやパズル等が収録された CD-ROM が付属しています。語注も巻末でなく、同一ページ内にあるので初心者にやさしいシリーズと言えます。

⑦ Penguin Active Reading（略称 PAR）

[レベル分け] 5段階（Easystarts ～ Level 4）
[出版社] Pearson Longman
（ピアソン・ロングマン）

　レベル分けは、PGR と同じです。PGR より大判で、朗読音声に加え、英語学習用のクイズやパズル等が収録された CD-ROM が付属しています。語注は、脚注の形で入っています。PGR の人気タイトルがこちらに移動中なので、内容は PGR とほぼ同じととらえていいでしょう。ただ、ODM に比べると字が小さく、1行が長いので、やや読みづらいかもしれません。Easystarts の *The Long Road* は headwords 250 語レベルで、総語数たった 1,123 語なのに泣ける名作です。

---

⑧ Cambridge Discovery Readers（略称 CDR）

[レベル分け] 7段階（Starter ～ Level 6）
[出版社] Cambridge University Press
（ケンブリッジ大学出版局）

　レベル分けは、CER と同じです。全タイトルが書き下ろしです。CER と違うのは、こちらは子ども向けなので、大人の恋愛ものや殺人ミステリーがなく、主人公はすべて中高生なことです。アメリカ英語版（全タイトル、ウェブサイトから音声をダウンロード）とイギリス英語版（CD つき）があります。中高生の姉と弟が事件に巻き込まれる *A Little Trouble in Amsterdam*、*A Little Trouble in Dublin*、*A Little Trouble in the Yorkshire Dales* の3部作は、主人公と同世代の中高生に強い人気があります。

　このほかにも、Building Blocks Library（mpi & SEG／SEG Bookshop より販売）、Foundations Reading Library、

Primary Classic Readers、Best Seller Readers（以上、Cengage Learning［センゲージラーニング］）、Black Cat Reading & Training、Black Cat Green Apple（以上、Black Cat Publishing／ネリーズより販売）、Express Graded Readers（Express Publishing／ネリーズより販売）、MM Graded Readers（MM Publications／ブリッジラーニングより販売）、Headlight Readers（R.I.C. 出版）、Helbling Readers（Helbling／ABAX より販売）など、SEG では、生徒の好みに応じて、20種類以上の GR を利用しています（カッコ内は出版社／国内販売元の順。巻末付録②、問い合わせ一覧参照）。

これらの GR は、中高生だけでなく、大人でも十分楽しめる内容ばかりなので、皆さんも臆(おく)せず、ぜひ活用していただきたいと思います。

入門者・初級者は Leveled Readers から

もう1つ、②の Leveled Readers も忘れてはなりません。Graded Readers が英語を外国語として学ぶ10代以上の学習者用読み物だとすれば、Leveled Readers（以下、LR）は、英語圏の幼児・小学生向けの学習用読み物です。LR のうち、幼児向けの本は、英語を習い始めたばかりの入門者に最適です。また、小学生向けの本は、初・中級者にお勧めです。

LR も朗読 CD つきの本が非常に増えてきたので、本当に

ABCから英語を学ぶ小学生・中学生でも使うことができます。もちろん、英語を学び直す大人の方にもお勧めです。というのは、英語の朗読音声は、やさしい本ほど、リズムが聞き取りやすくクリアに収録されているからです。

LRはGR以上に多くの種類があり、おそらく、世界中で1,000を超えるシリーズがあると思われます。LRは多読を始める際にぜひとも利用したいシリーズですが、ここでは、特にお勧めの4シリーズを紹介します。そのほかのシリーズについては、『英語多読完全ブックガイド』を参考にしてください（巻末付録②参照）。

① Oxford Reading Tree：
   Kipper series（略称 ORT）

[レベル分け] 10段階（Stage 1、1+、2〜9）
[出版社] Oxford University Press
（オックスフォード大学出版局）

イギリスの小学校の8割で"国語"の教科書として使われている学習絵本シリーズです。このうち、4歳の少年 Kipper とその友人・家族が登場人物になっている Kipper シリーズが最も代表的なので、ここでは、単に Oxford Reading Tree（ORT）で、Kipper シリーズを表すことにします。

第1章でも取り上げましたが、この教材は非常にやさしいレベルから始まっているので、英語の入門期に最適な教材です。また、このシリーズの画期的なところは、すべての本を、同一の作者とイラストレーターが手がけ、主要登場人物の誰かが必ず登場することです。これにより、1話1話は単純でも、読んでいくうちに登場人物の性格がわかってきて、登場人物に共感し、物語の世界に入り込みやすいのです。

【第4章】 本当に効果が出る、多読図書の選び方

シリーズ全体の登場人物を共通にする手法は、その後、Foundations Reading Library (Cengage Learning)、Project X (Oxford University Press)、Building Blocks Library (mpi& SEG) などのシリーズにも受け継がれています。ORT は、母語学習、外国語学習によらず、英語学習用図書に革命をもたらした、歴史に名前が残るシリーズと言ってよいでしょう。

② I Can Read Books（略称 ICR）

[レベル分け] 5段階 (My First ～ Level 4)
[出版社] HarperCollins USA
（ハーパーコリンズ・アメリカ）

アメリカの児童用学習絵本の定番シリーズです。いちばんやさしい本でも、ORT の Stage 1、2 よりは難しいので、ORT で多読を始めて、ある程度多読に慣れてきたときに読むといいでしょう。最近の新刊には、TVアニメや映画のタイトルも多数出ています。しかし、何と言っても、ICR の代表作と言えば、Level 2 のアーノルド・ローベル (Arnold Lobel) 作の *Frog and Toad*（邦訳「がまくんとかえるくん」）シリーズでしょう。*Frog and Toad* シリーズは全部で 4 冊あり、どの本も人気です。これらは、『ふたりはいっしょ』などの邦題で翻訳出版され、日本の国語／英語教科書にも収録されています。私は、ある程度の英語力がある高校生には、ORT からではなく、この *Frog and Toad* シリーズから多読をするよう指導しています。朗読 CD も楽しくてお勧めです。

③ Usborne Young Reading (略称 UYR)

[レベル分け] 3段階 (Series 1 ～ 3)
[出版社] Usborne Publishing (アズボーン・パブリッシング)
（国内販売はスカラスティック ジャパン）

イギリスの児童書専門出版社 Usborne 社の絵本シリーズです。この手の学習絵本にしては、比較的イラストが現代的でおしゃれな体裁になっています（ちなみに、一般に児童書の挿絵や表紙は、イギリスもののほうがアメリカものより

も日本人の好みに合っているようです)。

Series1、2 には、朗読 CD つきの本が多数あり、どの朗読もラジオドラマ風です。ORT を読み終わった後、さらに 5 万語くらい読んだころにお勧めです。SEG では、中 1 の夏〜秋にかけて集中的に読まれています。また、中 2・3 ではこのレベルから多読をすることもあります。なお、Series 3 は、Series1、2 に比べて相当難しく、50 万語以上多読した後に読むのが適切です。ヒトラーの生涯を解説した *Hitler*(『ヒトラー』)や、イスラム教の教義や歴史を解説する *The Story of Islam*(『イスラム教の話』)といった、硬めのノンフィクションや古典が中心となっており、高校生や大人にも人気があります。

④ Flip-up Fairy Tales (略称 FUF)

[レベル分け] なし
[出版社] Child's Play (International) Ltd
(チャイルズ・プレイ)

イギリスの児童書出版社 Child's Play 社による、*Little Red Riding Hood*(赤ずきんちゃん)、*Emperor's New Clothes*(裸の王様)など、おとぎ話の絵本シリーズです。レベルが 1 段階しかないのですが、イギリスの "国語" 学習用シリーズなので、Leveled Readers に入れています。SEG の中学クラスでは、Usborne Young Reading の後、中 1 の秋〜冬にかけて集中して読まれています。

おとぎ話は、子ども向けとはいえ、プロットのしっかりした話が多く、大人になってから読んでも意外に面白いものです。SEG では、ほかにも Primary Classic Readers (Cengage Learning) や Ladybird Tales (Penguin UK /国内販売は三善・SEG Bookshop) など、いろいろなおとぎ話シリーズを併用しています。どれも微妙に話が違っており、生徒はその違いを楽しみながら読んでいます。

Flip-up Fairy Tales シリーズは、英語はやや難しめですが、おとぎ話としては最もタイトル数が多く、25 タイトルあります。1 冊 1,000 語くらいの絵本ですが、ほかのおとぎ話のシリーズに比べると、付属 CD の朗読音声が速いので、7 分程度で読み終えることができます。絵本の朗読 CD では音楽なども入るため、1,000 語の朗読に 15 分以上かかるのが普通です。そのため、ある程度英語ができるようになってくると、その遅さに耐えられなくなってしまうのですが、このシリーズはそういうことがありません。高校生や大人が聴き読み(CD を聴

きながら読む)するのにも適しています。

最近は、私立中学受験勉強の低年齢化のせいか、グリム童話やアンデルセン童話を小学校時代に読んでいない人も増えています。これらの童話は、人類共通の財産と言える物語なので、子どものころに読まなかった人には、中学・高校生、あるいは大人になってからでも、英語でぜひ読んでもらいたいと思います。

学習用以外のお勧め絵本・児童書シリーズ

ここまで、多読にお勧めの本として、外国人の英語学習者用のGraded Readers (GR) と英語圏の子どもたちの"国語"学習のために製作されたLeveled Readers (LR) の主なシリーズを紹介してきました。最後に、英語圏の子どもたちが読んでいる絵本や児童書、ティーンズ向けの一般書を紹介します。

先に挙げたGRやLRで多読をスタートし、ある程度、多読に慣れてきたら、一般の絵本や児童書も多読に取り入れましょう。これらの本は、やさしい本と言っても「原書」ですから、読めたときの達成感が格段に増すからです。33ページでは、Peter Rabbitを挙げ、一般の絵本・児童書は多読の初期に向かないことを説明しましたが、もちろんある程度のレベルに達すれば、これらの本も楽しむことができます。例えば、Peter RabbitはYL 3.0 - 4.0と設定されています。

絵本のよいところは、絵が美しく、見ているだけでも楽しめることです。そのため、多少わからない単語があっても、まったく気になりません。一方、本によっては、かなり難しい言葉が使われてお

り、中には日常生活ではほとんど見ないような言葉が出てくることもあります。ですから、各自の英語力に合わせて適切な絵本を選ぶことが重要です。特に絵本に興味のある方は、必ずSSSのウェブサイトか『英語多読完全ブックガイド』（巻末付録②参照）でYLを調べて選ぶようにしてください。例えば、日本でも『ひとまねこざる』『おさるのジョージ』でおなじみの *Curious George* シリーズ（YL1.0 - 1.5）のようなコミカルなものは、英語も平易でストーリーも単純なので、読みやすく、英語多読を始めて3万〜5万語程度で読めるようになります。

　レベルが適切ならば、絵本は多読に華を添えてくれる大切な存在です。1つ1つの言葉を大切にして描かれているので、言葉のニュアンスまで深く味わえますし、センスあふれる絵やイラストは心を癒してくれます。また、朗読CDがある場合、プロのナレーターによる感情たっぷりの話し方で録音され、効果音や背景音も工夫されていますから、朗読をラジオドラマ風に楽しめることが多いのも、絵本の特徴です。

　また、Oxford Reading Tree（ORT）のStage 1 〜 9 を一通り読み終えたなら、YLが1.0 - 1.5の児童書にチャレンジしても大丈夫です。このレベルだと、1冊2,000語程度ですので、20〜30分程度で読み切れます。例えば、SEGでは、次に紹介する *Nate the Great* と *Ricky Ricotta* の2シリーズをほぼ全員が読んでいます。これらの児童書にはCDがついていませんから、

音声なしで読む初めての本になります。これらを含めて、いくつかお勧めの児童書シリーズを紹介しましょう。なお、各シリーズの1冊ごとの正確なYLや語数については『英語多読完全ブックガイド』をご覧ください。

大人5万語、小・中学生10万語を過ぎたら読みたいお勧め児童書

・Nate the Great シリーズ
（翻訳版は『めいたんていネート』シリーズ［大日本図書］）

［作者］Marjorie Weinman Sharmat、Marc Simont
［出版社］Random House USA

　少年探偵ネート（Nate）の子どもらしい日常生活と、ネートがちょっとした「難事件」を解決する、ハードボイルドタッチの探偵ぶりのギャップが面白く描かれています。

・Ricky Ricotta シリーズ

［作者］Dav Pilkey、Martin Ontiveros
［出版社］Scholastic USA

　ロボットと友達になったネズミのリッキーが、ともに地球を守るため悪人と戦う様子と、2人の友情が描かれています。ページをめくって、イラストの絵を動かす仕組みも面白くできています。

大人20万語、小・中学生30万語を過ぎたら読みたいお勧め児童書

・Magic Tree House シリーズ
（翻訳版は『マジック・ツリーハウス』シリーズ［メディアファクトリー］）

［作者］Mary Pope Osborne
［出版社］Random House USA

　木の上の小屋から、2人の兄妹（きょうだい）が時空を超えて冒険するストーリー。2010年現在、43巻刊行されており、これだけで30万語読むことができます。

・Rainbow Magic シリーズ
(翻訳版は『レインボーマジック』シリーズ［ゴマブックス］)
［作者］Daisy Meadows
［出版社］Orchard UK
　2人の少女が、7人の妖精とともに悪者に盗まれた7つの魔法グッズを取り返すという冒険物語です。毎回お決まりのワンパターン的な展開ですが、そのぶん読みやすく、人気があります。1冊4,200語程度の物語ですが、2010年現在、91冊出版されており、このシリーズだけで38万語読むことができます。

・My Weird School シリーズ
［作者］Dan Gutman、Jim Paillot
［出版社］HarperCollins USA
　学校のおかしな先生たちの奇行を描くシリーズで、全21巻です。さらに続編 *My Weird School Maze* が刊行中です。気軽に読めて楽しめるシリーズです。

100万語過ぎたら読みたいティーンズ向け一般書

・Deltora Quest シリーズ
(翻訳版は『デルトラ・クエスト』シリーズ［岩崎書店］)
［作者］Emily Rodda
［出版社］Scholastic USA
　失われた7つの宝石を少年たちが取り戻す冒険を描きます。「友情」「努力」「勝利」という児童文学の3点セット満載の冒険ファンタジー。日本では、マンガやTVアニメにもなっています。

・The Saga of Darren Shan シリーズ
(翻訳版は『ダレン・シャン』シリーズ［小学館］)
［作者］Darren Shan
［出版社］HarperCollins UK
　クモに魅せられたために自らも半バンパイアとなってしまった少年の冒険ファンタジー。全12巻。『週刊少年サンデー』(小学館)でマンガ化されたほか、2010年には、映画も公開されました。

・Alex Rider シリーズ
[作者] Anthony Horowitz
[出版社] Walker Books UK
　中学生が MI6 のスパイになって潜入捜査をする冒険ものです。未成年なので武器が与えられず、武器もどきのおもちゃと知恵で危機を脱出する様子が楽しめます。シリーズ後半では、親子のきずなを求めて、スパイだった父の死の真相に迫っていきます。

　このほかにも、日本でも大ベストセラーになった *Harry Potter* シリーズ（J. K. Rowling 作、Bloomsbury Publishing、翻訳版は『ハリー・ポッター』シリーズ［静山社］）や、恋に恋する少女たちの日常生活を描く *Mates, Dates* シリーズ（Cathy Hopkins 作、Piccadilly Press）、平凡な少女とバンパイアの純愛を描く *Twilight* シリーズ（Stephenie Meyer 作、Little, Brown Books、翻訳版は『トワイライト』シリーズ［ヴィレッジブックス］）なども、多くの生徒に読まれています。

　これらのティーンズ小説が読めるようになれば、シドニー・シェルダン（Sidney Sheldon）の *The Sky is Falling*（Grand Central Publishing）やニコラス・スパークス（Nicholas Sparks）の *Message in a Bottle*（Vision）など、大人向けのペーパーバックも、すでに難なく読めるようになっているでしょう。

絵本や雑誌、manga、DVD も活用

　159 ページでは、好みに応じて、絵本、雑誌・新聞、英訳マン

ガ (manga)、DVDも併用すると述べました。SEGでは、多読図書ばかりでのマンネリを避けるため、時折これらの素材も併用しています。ここで、簡単に、その特徴と利用の仕方、注意点を説明します。

①雑誌・新聞

　雑誌と言っても、よく英語学習に勧められている *Newsweek* や *Time* は、英語上級者でないと太刀打ちできません。SEGでも定期購読していますが、これらを読むのは政治や経済に興味のある、TOEIC 800点を超えた生徒だけです。多くの生徒たちに人気なのは、*Seventeen* や *Twist*、*J-14*、*Tiger Beat*、*Bop Magazine* のような、ファッションやタレントの情報誌です。好きな話題なら無理してでも読んでみたいもの。英語でも、中高生には中高生向けの雑誌がいいのです。英語学習用の雑誌もいくつか出ていますが、魅力という点では、ファッション誌やタレント情報誌にはかないません。なお、*Eye-Ai* という、日本の芸能情報や文化が英語で書かれている英文月刊誌もあります（リバーフィールド社）。

　新聞は、*The Daily Yomiuri* や *Japan Times* がお勧めです。というのは、日本の英字新聞のほうが、日本の話題を中心に書かれているため、内容がわかりやすいからです。また、時事用語や新聞で多用される表現も覚えやすくなります。SEGには、

中1のうちからTV欄や株式欄を読み出す生徒もいます。なお、語注や日本語解説のついた学生・初級者向けの英字新聞もありますが、日本語が載っていないほうがお勧めです。日本語訳があると、どうしてもそこに頼ってしまうからです。

②英訳マンガ・英訳ライトノベル

　マンガおよびライトノベルの分野では、日本は、質・量ともに世界一と言ってよいでしょう。これらのマンガやライトノベルの英訳版も、いまや相当な数が出版されています。特に、英訳マンガ（manga）は多読に利用できます。

　しかし、人気マンガの英訳は、『テニスの王子様』『ワン・ピース』『銀魂』（以上、『週刊少年ジャンプ』［集英社］掲載）などでもYL 3.5程度であり、決してやさしい英語で書かれているわけではありません。ほとんどが中級者以上のレベルと言えます。

　また、英訳マンガは、マンガのイラストだけでストーリーがわかってしまうこともあるので、英語をほとんど読まなくても楽しめてしまいます。英文をきちんと読まない限り、英語力は伸びませんから、英訳マンガの飛ばし読みでは、ほとんど英語力が伸びません。そういう理由から、SEGでは、中学生クラスは授業中に英訳マンガを読むのは禁止としています。高校生になって、文字でマンガが楽しめる程度の英語力がついてからはOKとしています。

　ただし、英訳マンガでも、宮崎駿監督のスタジオ・ジブリによる

アニメ映画などをもとにした、アニマンガ（ani-manga）というシリーズがあります（Viz Media）。アニマンガの英文は YL 1.5 程度とやさしいので、LR などと同じように読むことができます。このほか、英訳マンガを使った多読法については『MANGA で楽しく英語を学ぶ』（小学館）で詳しく解説していますので、興味のある方は、ぜひご覧ください（巻末付録②参照）。

　また、マンガだけでなく、「涼宮ハルヒ」シリーズや「GOSICK」シリーズ（ともに角川書店）などの日本のライトノベルのシリーズも英訳が出版されています。これらの英訳版は、YL 4.0 − 5.0 と比較的難しいのですが、ライトノベル好きの高校生にはよく読まれています。

③ドラマ、映画、アニメの英語版 DVD

　生徒の中には、本を読むのは苦手だけど DVD を見るなら何時間でも OK という生徒もいます。もちろん、多読クラスでは、読解力を高めるために、原則として授業中は本を読んでもらうのですが、気分転換に英語版 DVD を使用することもあります。そのため、アメリカの DVD にも対応する小型ポータブル DVD プレーヤーを用意しています。

　絵本には、もともと DVD が付属しているものもあります。多読を始めたばかりのときには、読み聞かせ感覚で絵本の DVD を視聴するのはよい方法です。絵本付属の DVD には、画面に絵

本と同じイラストが出てくるものの、英語字幕がついていないので、音声をイヤホンで聴きながら画面を見て、同時に絵本の文字も見るという、ちょっと変則的な読み方となりますが、気分転換にはぴったりです。

また、宮崎アニメの英語版DVDは、英語が平易で、英語字幕もシンプルなため、YL2.0の本が読めるなら、問題なく理解できます。SEGでも、もともと本を読むことに慣れていない生徒には、タイミングを見計らって、このようなDVDも使用しています。YL4.0以上の本が読めるようになれば、通常の映画でも大丈夫です。生徒たちも、日本語字幕のないアメリカ直輸入の映画DVDを英語字幕つきで見ています。特に、ディズニーやファンタジーものの、日本封切り前の映画は引っ張りだこです。

どのようにレベルを上げていくか

どこから読み始めるか、スタート地点を決める

それでは、ここまで紹介してきた本を使って、具体的にどのように読む本を選んでいくのか、また、読者の皆さんが自分で英語読書をしようとする場合、どのように本のレベルを上げていけばよいのかを説明します。

初めて英語を学ぶ中1の場合にはYL0.1の本から、中2～高2の場合は、YL 0.3 - 0.5程度の本から多読を始めます。一

方、悩ましいのは、ある程度の英語力を身につけている、大人の皆さんの場合です。これまで学校できちんと英語を勉強してきた自分は、いったいどんな本から始めたらいいのだろう、と思っていらっしゃる方も多いことでしょう。

実は、すでに6年以上英語を勉強してきた大人でも、中2〜高2生と同じく、YL 0.3 - 0.5程度の本からスタートすべきだと、私は考えています。その理由は次の3つです。

①これまで、英語を直読直解してきた経験がない（ずっと英語を和訳して理解してきた）場合、和訳しなくてもすぐ理解できる、非常にやさしいレベルから始めないと、「脳内和訳」のクセが抜けない

②やさしい本であればあるほど、重要で基本的な語彙の使用率が高いため、それらの語彙知識の穴埋めができる

③やさしいレベルの本から始めるほうが、単語と単語の組み合わせや使い方を身につけるうえで効率的

YL 0.3 - 0.5の本と言うと、Oxford Reading Tree（ORT）のStage 3〜5に当たります。次のページの本を見てください。このレベルなら、皆さんも日本語を介さずに理解できるでしょう。英語脳を一から作り上げるには、ここから始めるのがいちばんよいのです。

Oxford Reading Tree Stage 3:
On the Sand,
Roderick Hunt
and Alex Brychta,
Oxford University Press
(オックスフォード大学出版局),
© 2008

　ただ、このレベルの本はじっくり読んだとしても、1冊2～5分で読み終わってしまいます。1冊600円として、1分当たり120～300円、1時間当たり7,000円以上の費用がかかるとなると、躊躇してしまう方も多いのではないでしょうか（ただし、レベルが上がってくれば、時間当たりの費用はぐっと下がります）。親子で多読をしている場合、最初からたくさんの本をそろえる方も多いのですが、100パーセント多読の効果に確信を持っていない段階で「ここから読み始めてください」と言っても、費用の点で非現実的だと思います。

　まずは、近所に多読を行っている教室や洋書ブッククラブなどがないか、調べてみてください（SSS英語多読研究会のサイトに一覧があります。http://www.seg.co.jp/sss/information/class_annai.html）。また、公立や学校の図書館でも、このレベ

ルの本を所蔵している場合があります。身近なところで本が手に入るなら、ぜひこのレベルからスタートしてください。

　一度に本をまとめて買う必要はないので、英会話学校の授業料や教材を一括で支払うことを考えれば安上がりなのですが、個人で購入する場合、このレベルから本をそろえるのは大変です。ある程度、英語を学んできた経験のある大人であれば、160ページから取り上げた Graded Readers（GR）の最初のレベル、YL 0.8 - 1.0 程度のものから始めても大丈夫だと思います。まずは、このあたりの本を20冊、2万語ぐらい読んで、そこからゆっくりとレベルを上げていきましょう。

　なお、これらの GR ではやはり難しいと感じた人は、ORT の Stage 1 ～ 7 の本を 1 冊ずつ収録した、『イギリスの小学校教科書で楽しく英語を学ぶ』（小学館）を読んでみてください（巻末付録②参照）。この本で、自分が楽に読める ORT のレベルを判定し、そこから始めるといいでしょう。

自分の読書感覚と相談しながら

　読書語数が増えれば、それに比例して英語力もついてきますから、当然、読む本のレベルを上げていくことになります。子どもでも大人でも、ある程度読めるようになってくると、どうしても、実力以上にどんどん難しい本を読みたくなる傾向があります。しかし、もう一度、第 2 章で紹介した公式「1 回の英語読書による英

語力の伸び=(読んだ英文の量)×(理解度)[4]」を思い出してください。

　自分が気楽に読める本のレベルより難しくなってしまうと、読書速度が落ちて読む量が減ってしまい、一生懸命読んだとしても多読の効果は下がってしまうのです。また、難しくなっても読書速度を落とさないようにすると、今度は急激に理解度が落ちて、読んでも、読んでも、多読の効果は上がりません。つまり、読んでいる本のYLレベルを急速に上げていくと、英語力の伸びが止まってしまい、ついには読書が楽しめなくなってしまうのです。

　したがって、本のレベルを上げるときは、自分がどのくらいの「気楽さ」で本が読めているか、自分の読書しているときの感覚を十分チェックしてください。同じレベルの本を読んでいると、だんだんそのレベルの英文の読書に慣れてきて、より速い速度で、また、より深い理解度で読めるようになってきます。しかし、ある程度、同じレベルの本を読み続けると、今度は「飽き」を感じるようになります。読む側の語彙知識が上がって、その本に書かれている語彙や表現が単調に感じられるからです。このように、飽きを感じたら、「レベルを上げてもよい」というサインです。飽きがこないうちは、つまり、書かれている英文を楽しめるうちは、できるだけ、同じレベルの本を中心に読むようにしましょう。

　しかし、「飽き」という漠然とした感覚は、なかなか見極めづらいものです。そこで、読書量とそれに対応するYLのレベルの目

安を下の表にしておきました。

例えば、3万語まで読んだ人は、YL 0.8 - 1.2 の本の中から選ぶとよいでしょう。もちろん、最初から語彙力のある場合は、もっと少ない読書語数であってもレベルを上げることも可能です。自分の読書感覚と相談しながら、焦らず、徐々にレベルを上げていってください。最初の10万語くらいは、YL0.0 - 1.2 までの本を中心に選んで読むのがよいでしょう。10万語を過ぎたら、YL1.3以上の本も織り交ぜて読んでいくといいと思います。

読書語数とYLの目安

累計読書語数	YL	読む主なシリーズ とレベル
0-3万語	0.0-0.8	Oxford Reading Tree 1-7 Foundations Reading Library 1-5
3-10万語	0.8-1.2	Foundations Reading Library 6-7 Oxford Bookworms Starters
10-25万語	1.0-1.6	Penguin Readers 1 Cambridge English Readers 1
25-70万語	1.4-2.8	Oxford Dominoes 1 Macmillan Readers 2
70-150万語	2.0-4.0	Scholastic ELT Readers 2-3 Cambridge Discovery Readers 2-3
150-250万語	3.0-5.5	Macmillan Readers 4-6 Cambridge English Readers 4-5
250万語超	4.0-7.0	Oxford Bookworms 5-6 Penguin Readers 4-6

注意したいのは、日本語で読んだことのある児童書を読む場合です。英文を通じて理解していなくても、最初から大筋を知っ

ているので、英文としての理解度が相当低くても、何とか読み通せてしまうことがあります。楽しければレベルの高い本を読んでもよいのですが理解できていなければ、多読の効果はありません。自分の英語力よりも難しい本を長期間にわたって読むことは極力避ける──これを肝に銘じてください。

最後に、SEGでの多読指導の結果から、模範的なレベルの上げ方の例を紹介しておきます。次のグラフを見てください。

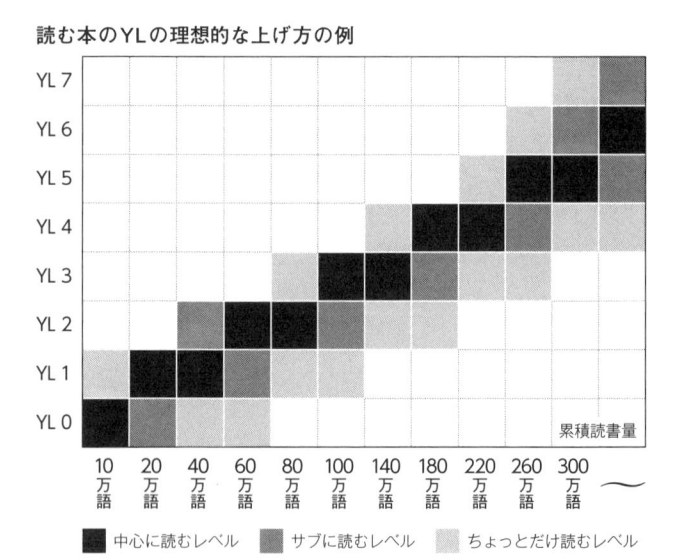

読む本のYLの理想的な上げ方の例

YL	10万語	20万語	40万語	60万語	80万語	100万語	140万語	180万語	220万語	260万語	300万語
YL 7											■
YL 6										■	■
YL 5									■	■	■
YL 4							■	■	■		
YL 3					■	■	■				
YL 2			■	■	■						
YL 1		■	■								
YL 0	■	■									

累積読書量

■ 中心に読むレベル　■ サブに読むレベル　■ ちょっとだけ読むレベル

横軸は、多読に費やした時間の経過(読書量の経過)、縦軸

は、読む本のYL（読みやすさレベル）を示しています。グラフの黒く濃い部分は中心に読む本（全体の6割以上）、濃い灰色の部分は補助的に読む本（全体の3割程度）、薄い灰色の部分はたまに読む本（全体の1割以下）を示します。

例えば、多読を始めて10万語までは、YL0.0－1.0の本を中心に読み、10万語進んできたら、YL1.0－1.9の本を中心に、YL0.0－1.0の本も織り交ぜて読むようにします。つまり、多読の時間を1時間確保しているなら、30～40分くらいの間はYL1.0－2.0の本にして、残り10～20分程度はYL0.0－1.0の本を読む、という感じです。主に読む本のYLは、読書量が増えるのに合わせて上げていけばよいのですが、その前後のYLの本も混ぜながら読むのが理想的なのです。

なお、表の例は、理解度7割くらいで読むことを想定しています。理解度6割程度だとすると、この2倍程度の語数が必要となり、理解度8割程度だとすると、この0.6倍程度の語数で、十分、同レベルに到達することができます。

「キリン読み」で、読書への好奇心を満たす！

「自分の英語レベルに合った本を読むべき」とはいえ、どうしても読みたい本がある場合に、それを読まないで我慢するのはつらいものです。自分にとって興味のある内容の本であれば、多少YLレベルが高くても、読みたくなるのは当然の心理です。また、

【第4章】 本当に効果が出る、多読図書の選び方

「日本語で昔読んだときに好きな本だったから、早く原書で読んでみたい！」「あの絵本がどうしても気になる！」ということもあるでしょう。そんな場合、英語力の効率的な伸びは多少犠牲にしても、YLを気にせず、上のレベルの本に挑戦してください。

　このように、自分が楽に読めるレベルより難しい本を読むことを、SSS英語多読研究会では「キリン読み」と呼んでいます。キリンが首を伸ばして、高い木の葉を食べる様子にちなんで、こう名付けました。

　「キリン読み」は、「やさしいものを読め」というこれまでの主張と真っ向から対立するものですが、これも必要な読書法なのです。というのは、多読の効果を上げるには長く続けることが必要で、長く続けるには変化が必要だからです。

　例えば、体のためを考えれば、食事は栄養バランスを考えてとるのがよく、お酒も、甘いものも、極力控えるほうがいいに決まっています。しかし、健康第一の食事ばかりで、食べたいものを我慢するのでは、食事が単調になり、人生の楽しみが減ってしまいます。デザートやお酒が食事の楽しみであるのと同様に、レベルが高くても魅力的な本を読むのは、多読の楽しみの1つなのです。

　多読三原則③と重なりますが、「自分の読みたい本を読む」ことは、多読では重要なことです。読みたい本を読まないのでは、読書を楽しんでいるとは言えません。自分で読んでみたいと思う本があったら、我慢せずに、とりあえず挑戦してみることも「アリ」

なのです。特に、実際に「キリン読み」によって「難しい本が読めた！」という達成感は、経験したことのある人だけが味わえる快感です。この快感は大きな自信にもなるし、モチベーションの向上にもつながります。

しかし、原則は、やさしい本を読むことであるのを忘れないでください。ずっと「キリン読み」をしていると、低い理解度で英文を読むことになるため、脳の疲労が大きくなり、努力の割に英語力の伸びが低くなってしまうからです。

ですから、「キリン読み」に成功しても、そのレベルの読書を長く続けることは禁物です。またレベルを元に戻して、やさしい本を読み続けましょう。もちろん、「キリン読み」に失敗しても、気にすることはありません。それが普通なのですから。無理をせずに途中でやめて、やさしい元のレベルの本に戻ってください。自分の英語力がもっと上がってから再度挑戦すれば、その本をもっと楽しむことができるはずです。

高いレベルと低いレベルを混ぜて読む「パンダ読み」

今までの英語学習では、レベルは学習時間とともに単調に上がっていくのが普通でした。どのテキストを見ても、中2用のテキストには中1レベルの問題はなく、中3用のテキストには中2レベルの問題は載っていないのが普通です。すでにわかっている（はずの）やさしい問題をやっても、学習面での効果がないと思われ

ているからです。

　しかし、多読の場合は、必ずしもそうではありません。というのは、多読は「理解度7～9割で自分の好みの速度で読む」方法だからです。多読学習の負荷を示すには、①読む本の難易度（YL）、②理解度、③読書速度、という3つの物差しがあります。

　例えば、ある人がYL 3.0の本を理解度7割、分速100語で読む力があるとしましょう。この同じ人が、YL 2.0の本を読むと、分速100語のまま、理解度が少し上がって、8割程度で読むことができます。あるいは、その人がより速く読もうとする場合は、理解度は7割のままでも、分速120語くらいでYL 2.0の本を読むことが可能になります。つまり、このような場合、次のような等式が成立すると考えられるのです。

YL 3.0の本を**理解度7割**、**分速100語**で読める英語力
＝YL 2.0の本を**理解度8割**、**分速100語**で読める英語力
＝YL 2.0の本を**理解度7割**、**分速120語**で読める英語力

　「YL 3.0の本を理解度7割で読む」負荷と、「YL 2.0の本を理解度8割で読む」負荷が同じなので、やさしいレベルの本でも理解度を上げて読めば、学習としての効果が下がるわけではないのです。これは、「YL 2.0の本を分速120語で読む」（理解度は変えずに語数を多く読む）場合でも同じです。同一レベルの

本をひたすら読むより、やさしいレベルの本を高い理解度で、あるいは速いスピードでより多く読むことにより、マンネリを避けることもできます。そして、いろいろな読み方を身につけることで、より応用性のある読書力が身についてきます。

SSS英語多読研究会では、YL 2.0以上の英文が読めるようになった人が、そのYLレベルより1.0以上低いYLの本を読むことを「パンダ読み」と言っています。高いレベルの本と低いレベルの本を交互に読む様子を、パンダの白と黒の模様になぞらえて命名したものです。

SEGでも、生徒が難しい本ばかりを読むこと避けるために、「絵本を読む日」「やさしい本を集中的に読む日」などを作り、やさしい本をじっくり細かい部分まで読む楽しさや、速い速度で軽快に読む楽しさを味わってもらっています。「レベルを下げて高い理解度で読む」「速い速度で、気楽に読む」のがパンダ読みの醍醐味です。多読を始めてレベルが上がってきたら、ときどきパンダ読みをすることをお勧めします。

多少理解度が低くても、英語レベルの高い、より魅力的な本を楽しむというのも読書なら、内容をじっくりと理解して、1つ1つの言葉の意味をかみしめながらやさしい本を楽しむ、というのも読書です。多読を長期間継続し、英語力を伸ばすには、両方の読み方をすることが必須と言ってよいでしょう。

実際にキリン読みをしたい本がある生徒は、それを読める日が

くることを楽しみにしています。指導者側も、「このレベルの本が読めるようになったら、その本に挑戦しようね」と励ましています。そして、英語力を着実に伸ばしたい生徒には、「ときどきパンダ読みで、やさしい本もたくさん読もうね」と指導しています。キリン読み、パンダ読みは、多読で英語力を伸ばす非常に有効なテクニックなのです。

継続こそ力なり── 多読を「勉強」から「楽しみ」へ！
　私たちの経験からすると、分速150語以上で読めるようになると、多読でぐんぐん力が伸び、読書速度もさらに上がっていきます。ですから、理解度7割、分速150語以上の速度で読めるように、キリン読みやパンダ読みなど、いろいろな読み方を工夫しながら、多読を続けてみてください。目標の300万語を超えるころになれば、多読はもはや勉強ではなく、日本語の読書と同じような感覚で、いわば趣味のように、楽しみとして英語の本を読めるようになっているはずです。
　英語の学習法には、多読以外にも、音読、筆写、文法演習、英文日記、語彙暗記……などなど、さまざまな学習法があります。いずれの方法も、短期的に見れば、多読より学習効果が高いかもしれません。しかし、1年、2年、3年と、長期にわたって継続するには、非常に強い意志が必要になるのではないでしょうか。
　語学は、残念ながら短期間で習得できるものではありません。

試験前に一夜漬けをしてたくさんの単語を覚えても、試験が終われば忘れてしまう……というようでは、本当に使える英語力は身につきません。長期間、無理をせずに楽しみながら続けられること——それが学習方法を選ぶときにいちばん重要なポイントではないかと思います。

英語力を身につけるには、語彙力や文法力、リスニング力、会話力など、それぞれのスキルが相互にかかわり合って総合的に伸びるようにしなければなりません。語彙だけ、文法だけ、多読だけ、という偏った学習法では、必ずどこかに弱点が出てくるものです。しかし、そのトレーニングの中心にすえるのは、長期的に続けられる学習法にするべきではないでしょうか。それこそが、本書で説明してきた「英語多読法」なのです。

やさしい英語の本から多読を始めれば、本のストーリーを楽しみながら、無理なく英語学習を続けることができます。もともと本好きの人であれば、英語の本を読むことが、いつのまにか「勉強」から普通の「読書」に変わることも、さほど遠くないことでしょう。

第2章で述べたとおり、多読だけで英語のすべてのスキルが身につくというわけではありません。しかし、多読を通じてたくさんの英語に触れていれば、文法や語彙など、ほかのスキルの学習効果も格段にアップしていきます。多読を並行しているからこそ、それらの学習が活きてくると言っても過言ではありません。

楽しみながら学べる英語多読をベースにして、受験を控えた

中学・高校生は入試対策の問題演習を、海外に行く人はシャドーイングや会話の練習を、仕事で英語を使う人はビジネスや専門用語の言い回しの練習をと、必要に応じて、ほかの学習をプラスしながら多読を行えば、必ず「使える英語力」を身につけることができます。

今、小学生から70歳を超すシニアの方まで、多くの方が、SSS（Start with Simple Stories＝やさしいストーリーから始めよう！）方式の多読を実践しています。SEGの多読クラスには、文法中心の授業が合わず、ほかの塾から移ってきた生徒もいますが、その多くは多読を続けるうちに学校の成績も伸びていきます。SEGの社会人ブッククラブに通う大人の方でも、ほかの英語学習法は三日坊主で終わったけれど、多読はもう5年以上続いているという方が大勢います。

本書で述べてきたことを参考にしていただければ、誰でも多読をスタートすることができます。読者の皆さんも、ぜひ、気楽に続けられる多読で、英語力を伸ばし、英語読書を一生の楽しみの1つとしてください。

Happy Reading！

謝辞――あとがきに代えて

　ここで、本書を書くきっかけとなった多くの方々に、感謝の意を表したいと思います。

　まず、1997年、アメリカ・オハイオ州の数学教育研究集会のスピーチで、「あなたたちの英語がまったく理解できない」と言った、スウェーデン人の高校数学教師の方に感謝します。あれほどバカにされていなければ、私は今でも、SEG で数学しか教えていなかったでしょう。

　次に、酒井邦秀さんに感謝したいと思います。酒井さんが電気通信大学で新しい多読指導を始めなければ、SSS 英語多読研究会（旧称・SSS 英語学習法研究会）も、SEG の多読クラスも存在せず、私が多読の世界に足を踏み入れることはありませんでした。なお、現在、酒井さんは SSS 英語多読研究会および日本多読学会から離れ、独自の多読指導を追求されています。

　さらに、SSS 英語学習法研究会立ち上げのとき、GR の書評と語数カウントを率先して手伝っていただいた、河手眞理子さん、佐藤まりあさん。2人の協力がなければ、初期の書評システムや掲示板の発展はありませんでした。また、SEG の阿部太朗さん、井汲景太さんには、これらのシステムを稼働させるに当たって、大変お世話になりました。

　まだ多読指導の実例が少なかった時期に SEG で多読クラスを開設できたのは、SEG 講師の方々のパイオニア精神のおかげ

です。特に、開設当初から指導に当たった、伊藤晶子さん、渡辺健一郎さん、町田祥子さん、木村哲也さんには、多読クラスの基礎を作ってもらいました。

　また、宮下いづみさんには、特に感謝をしなければなりません。2006年、宮下さんがSEGの多読指導に参加してくださったことにより、多読とネイティブ・スピーカー講師の授業を組み合わせた、現在の多読クラスのカリキュラムができあがりました。また、宮下さんには多読に関する本・雑誌の執筆にも参加していただき、本書のチェックもしていただきました。

　そして、日本多読学会の活動を通じて知り合った、神田みなみさん（平成国際大学）、高瀬敦子さん（近畿大学）、西澤一さん（豊田高専）、黛道子さん（順天堂大学）、岡山陽子さん（茨城大学）、上田敦子さん（茨城大学）、Rob Waringさん（ノートルダム清心女子大学）といった多読指導者の方々には、日ごろの意見交換を通じて、多くのことを教えていただきました。その一部は本書にも反映させていただいています。特に、神田さん、高瀬さんには、原稿段階でも、さまざまな意見をいただきました。本当にありがとうございました。

　最後に、SSSの掲示板に多数の報告・感想を寄せてくださった全国の英語学習者の皆さん、書評システムに書誌情報を入力していただいた全国のタドキスト（多読愛好者）の皆さん、洋書出版社の皆さん、全国各地で多読指導を行っている皆さん、

SEG多読教室のスタッフの皆さん——多読がここまで広がりを見せることができたのは、これら多くの方々が本の語数を数え、YLを定め、新しい多読図書を見つけ、多読指導の方法を改良してきてくださったおかげです。多読を体験した皆さんが、その効果を実感し、次に多読を始める人がより実践しやすいよう環境を整えてきたからこそ、多読は発展してきたのです。そして、本書が、また新たなる発展の礎となることを願っています。

2010年5月

古川昭夫

付録①

多読をする前に最低限知っておきたい基礎単語300

本格的に多読を始める前に、知っておきたい基礎単語リストです。多読を実践すれば、それぞれの語の意味と用法は自然に広がっていくので、最初は1語1訳で覚えてもかまいません。詳しくは78ページを確認してください。

これらの単語は、1953年発表の Michael Philip West による General Service List (GSL) の頻出語2000語（英語学習者に有用な2000語）や中学校教科書に掲載される単語を参考に、多読に必要となる語を厳選したものです。

A

- [ ] a / an　　　　ある1つの
- [ ] about　　　　〜について
- [ ] after　　　　〜の後で
- [ ] again　　　　再び
- [ ] against　　　〜に対して
- [ ] all　　　　　すべての
- [ ] almost　　　 ほとんど
- [ ] also　　　　 〜もまた
- [ ] always　　　 いつも
- [ ] and　　　　　(A and B で)
　　　　　　　　　AとB
- [ ] another　　　もう1つの
- [ ] any　　　　　どれか／どれでも
- [ ] around　　　〜の周りに
- [ ] as　　　　　〜として／〜のように
- [ ] ask　　　　　尋ねる
- [ ] at　　　　　〜に、〜で
- [ ] away　　　　離れて

B

- [ ] back　　　　背／後ろに
- [ ] be/am/are/is　〜です

（主語が I のときは am、主語が you、they、複数名詞のときは are、主語が he、she、it、単数名詞のときは is）

- [ ] because　　　なぜなら

【付録①】　195

□ become ～になる
□ before ～の前に
□ begin 始まる、始める
□ best 最高の
□ better よりよい
□ between (between A and B で) AとBの間に
□ big 大きい
□ body 体
□ both 両方の
□ boy 男の子
□ bring 持ってくる
□ brother 兄弟(の1人)
□ build 建てる
□ but しかし
□ by ～のそばの、～によって

C

□ call 呼ぶ
□ can ～できる
□ care 気にする
□ case 箱／場合
□ center 中心
□ certain 確かな
□ change 変える、変わる
□ child/chilren 子ども／子どもたち
□ city 市／都会
□ clear 明確な
□ close 閉じる／近い
□ come 来る、行く
□ consider よく考える
□ could can の過去形
□ country 国／いなか
□ course コース／(of courseで) もちろん

D

□ dad/father パパ、お父さん
□ day 日／曜日
□ do/does する
□ door 扉
□ down 下へ、～の下に
□ during ～の間

E

□ each それぞれの
□ early 早く
□ end 終わる、終わり
□ enough 十分な、十分に
□ even ～でさえ
□ evening 夕方(日没から暗くなるまで)

☐ every	すべての	☐ good	よい
☐ eye	目	☐ great	素晴らしい、大きい
		☐ group	グループ

F

- ☐ face　　　顔
- ☐ fact　　　事実
- ☐ fall　　　落ちる
- ☐ family　　家族
- ☐ far　　　遠くに
- ☐ feel　　　感じる
- ☐ few　　　少しの
- ☐ figure　　形
- ☐ find　　　見つける
- ☐ first　　　1番目の
- ☐ follow　　～に続く
- ☐ foot　　　足（くるぶしから下）／1フィート（30.48cm）
- ☐ for　　　～のために
- ☐ form　　　形、形づくる
- ☐ from　　　～から

G

- ☐ general　　一般的な／将軍
- ☐ get　　　得る
- ☐ girl　　　女の子
- ☐ give　　　与える
- ☐ go　　　行く／続ける

H

- ☐ hand　　　手
- ☐ happy　　うれしい
- ☐ hard　　　かたい
- ☐ have / has　～を持っている
- ☐ he　　　彼は、彼が
- ☐ head　　　頭、先頭の
- ☐ hear　　　聞く
- ☐ help　　　助ける
- ☐ her　　　彼女を、彼女に、彼女の
- ☐ hers　　　彼女のもの
- ☐ here　　　ここに
- ☐ high　　　高い
- ☐ him　　　彼を、彼に
- ☐ his　　　彼の／彼のもの
- ☐ hold　　　保つ、握る
- ☐ home　　　家、家庭
- ☐ hour　　　時間
- ☐ house　　　家
- ☐ how　　　どうやって

I

- [ ] I 私は
- [ ] idea 考え
- [ ] if もし〜ならば
- [ ] important 重要な
- [ ] in 〜の中に
- [ ] interest 興味／利子
- [ ] into 〜の中へ
- [ ] it それは、それが、それを
- [ ] its それの

J

- [ ] just ちょうど、まさに

K

- [ ] keep 〜を保つ
- [ ] know よく知っている

L

- [ ] large 大きな、広い
- [ ] last 最後の、直近の
- [ ] late 遅い、遅れて
- [ ] lead 導く
- [ ] leave 〜を去る
- [ ] let 〜させる
- [ ] life 生活／命
- [ ] light 光／軽い
- [ ] like 〜を好きである／〜のような
- [ ] line 線
- [ ] little 小さい
- [ ] live 住んでいる、生きる
- [ ] long 長い
- [ ] look 目を向ける
- [ ] love 〜が大好きだ、〜を愛する

M

- [ ] make 作る
- [ ] man 大人の男の人
- [ ] many 多くの
- [ ] may 〜してよい／〜かもしれない
- [ ] me 私を、私に
- [ ] mine 私のもの
- [ ] mean 意味する／意地悪な
- [ ] meet 会う
- [ ] member 会員
- [ ] might may の過去
- [ ] mom/mum/Mother ママ、お母さん
- [ ] month 月

- ☐ more — もっと
- ☐ morning — 朝
- ☐ most — 最も
- ☐ move — 動く
- ☐ much — 多くの、たくさんの
- ☐ must — ~しなければならない
- ☐ my — 私の

N

- ☐ name — 名前
- ☐ nation — 国
- ☐ near — 近くに
- ☐ need — ~を必要とする
- ☐ never — 決して~ない
- ☐ new — 新しい
- ☐ next — 次の
- ☐ night — 夜
- ☐ no — いいえ
- ☐ noon — 正午
- ☐ not — ~でない
- ☐ nothing — 何も~ない
- ☐ now — 今
- ☐ number — 数

O

- ☐ of — ~の
- ☐ off — ~から離れて
- ☐ often — しばしば
- ☐ old — 古い
- ☐ on — ~に接触して
- ☐ once — 一度、かつて
- ☐ one — 1つの、1人、1つのもの
- ☐ only — たった~だけの
- ☐ open — 開く/開いた
- ☐ or — または
- ☐ order — 順序、命令
- ☐ other — ほかの、別の
- ☐ our — 私たちの
- ☐ ours — 私たちのもの
- ☐ out — 外へ
- ☐ over — ~の上に、~を超えて
- ☐ own — 自分自身の/所有する

P

- ☐ part — 部分
- ☐ people — 人々
- ☐ person — 人
- ☐ picture — 絵、写真

□ place	場所			
□ plan	計画/計画する			
□ play	遊ぶ/遊び			
□ please	どうぞ、どうか			
□ point	点			
□ possible	可能な			
□ present	現在の/贈り物/提示する			
□ problem	問題			
□ program	プログラム、番組			
□ pull	引く			
□ push	押す			
□ put	置く			

Q

□ question	疑問

R

□ read	読む
□ ready	用意のできた
□ real	本当の
□ report	報告
□ result	結果
□ right	右、右の
□ room	部屋
□ run	走る

S

□ same	同じ
□ say	言う
□ school	学校
□ second	2番目、2番目の
□ see	見える、わかる
□ seem	～のように見える
□ set	置く、位置している
□ she	彼女は、彼女が
□ should	～すべきである
□ show	見せる
□ side	側、わき、へり
□ since	～(して)以来/～だから
□ sister	姉妹(の1人)
□ sit	座る
□ small	小さい
□ so	そのように/そこで
□ some	いくつかの
□ something	何か
□ stand	立つ
□ start	始まる/始める
□ stay	どどまる
□ still	静かな/まだ

☐ stop	止まる／止める		これらの
☐ student	学生	☐ they	彼(女)らは、
☐ study	勉強する、		それらは
	研究する	☐ thing	もの
☐ such	そんな	☐ think	思う、考える
		☐ this	この、これは、
T			これが
☐ take	持っていく、	☐ those	それらの、
	連れていく／		あれらの／
	手にとる		それらは、
☐ teach	教える		あれらは
☐ tell	話す、言う／	☐ through	～を通って、
	教える		～を通じて
☐ than	～よりも	☐ time	時間
☐ that	あの、あれ／	☐ to	～へ向かって
	～ということ	☐ today	今日
☐ the	その、あの	☐ tommorow	明日
☐ their	彼(女)らの、	☐ too	～もまた／
	それらの		あまりに～すぎる
☐ theirs	彼(女)らのもの、	☐ toward	～に向かって
	それらのもの	☐ try	試みる
☐ them	彼(女)を、	☐ turn	回す、回る／
	彼(女)に、		変わる、順番
	それらに		
☐ then	それから、	**U**	
	そのあと	☐ under	～の下に、下で
☐ there	そこに、そこで	☐ understand	理解する
☐ these	これらは、	☐ until	～まで

☐ up	上に	☐ why	どうして
☐ upon	上に	☐ will	～だろう／～するつもりだ
☐ us	私たちを、私たちに	☐ with	～とともに
☐ use	使う	☐ without	～なしで
☐ usual	いつもの	☐ woman	大人の女の人
		☐ word	単語、言葉
		☐ work	仕事／働く
		☐ world	世界
		☐ would	will の過去形
		☐ write	書く

V

☐ very	とても

W

☐ want	ほしい、～したい
☐ water	水／水をやる
☐ way	道／方法
☐ we	私たちは
☐ week	週
☐ well	よく、上手に／さて
☐ what	何が、何の、何を
☐ when	いつ／～する(した)時
☐ where	どこに
☐ which	どちらが／どちらの、どの
☐ while	～するあいだ
☐ white	白い
☐ who	誰が

Y

☐ year	年
☐ yesterday	昨日
☐ yet	もう、まだ
☐ you	あなた、あなたたち
☐ young	若い
☐ your	あなた(たち)の
☐ yours	あなた(たち)のもの

付録②
お勧め多読解説書・多読図書問い合わせ先一覧

多読に関するガイドブックを紹介します。洋書を買う前に多読をちょっと試してみたい方、多読についてもっと詳しく知りたい方にお勧めです。なお、SSS英語多読研究会のウェブサイトにも、多読に関する詳しい情報や掲示板があります。ぜひご覧ください。

SSS英語多読研究会ウェブサイト
http://www.seg.co.jp/sss/

英語多読を始めるためのガイド(テキスト＋朗読CD)

『100万語多読入門』
古川昭夫、伊藤晶子共著・CD付き・コスモピア刊
多読向け洋書6冊＋朗読CDのほか、簡易版の読書記録手帳も付属した、多読スタート・ガイド決定版。

『イギリスの小学校教科書で楽しく英語を学ぶ』
古川昭夫、宮下いづみ共著・CD付き・小学館刊
全英の小学校で使用される Oxford Reading Tree を使った多読法を指南。テキスト8冊＋朗読CD付き。

『続・イギリスの小学校教科書で楽しく英語を学ぶ[社会・理科編]』

古川昭夫、宮下いづみ共著・CD付き・小学館刊

小学生向けの歴史・地理・科学の読み物 Info Trail を6冊＋朗読CDを収録。ノンフィクション素材中心の多読法をガイド。

多読の軌跡を記録する読書手帳

『読書記録手帳』

SSS英語多読研究会著・コスモピア刊

本のタイトル、レベル、語数、累計語数などを記録する、一般向け多読手帳。手帳スペース60ページに加え、推薦図書の紹介や主な多読図書のレベル一覧表も掲載。

多読を始めた人の本選び用書籍案内

『英語多読完全ブックガイド 改訂第3版』

古川昭夫、神田みなみほか編著・コスモピア刊

英語多読におすすめの洋書1万3,000冊の最新データベース。各書籍の「読みやすさレベル」、総語数、ISBN、おすすめ度等を掲載。

英訳コミックに挑戦したい人向けの多読ガイド

『MANGAで楽しく英語を学ぶ』
古川昭夫、宮下いづみ共著・小学館刊
大人気コミック『らんま1/2』『BANANA FISH』『名探偵コナン』の英訳版を抜粋収録。英訳コミックの読み方からおすすめ本まで紹介。

本書で紹介した多読図書の問い合わせ先

I Can Read Books、Flip-up Fairy Tales については、国内に問い合わせ先がありません。SEG Bookshop、あるいは洋書を取り扱う書店、オンライン書店等でお問い合わせください。

オックスフォード大学出版局
電話: 03-5444-5454
Email: elt.japan@oup.com
http://www.oupjapan.co.jp

ヤンゲージラーニング
電話: 03-3511-4392
Email: elt@cengagejapan.com
http://www.cengage.jp

ピアソン・エデュケーション
(ピアソン・ロングマン)
電話: 03-5929-6090
Email: elt.jp@pearson.com
http://www.longmanjapan.com

ケンブリッジ大学出版局
電話: 03-5479-7265
Email: tokyo@cambridge.org
http://www.cambridge.org/elt

マクミラン ランゲージハウス
(Macmillan Readers)
電話: 03-5227-3538
Email: elt@mlh.co.jp
http://www.mlh.co.jp

R.I.C.出版
(Scholastic ELT Readers)
電話: 03-3788-9201
Email: elt@ricpublications.com
http://www.ricpublications.com

スカラスティック ジャパン
(Usborne Young Reading)
電話: 03-3993-1055
Email: inquiry@scholastic.jp
http://www.usborne.com
(Usborne Publishing)
http://www.scholastic.com

ネリーズ
(Nellie's English Books)
電話: 03-3865-6210
Email: customer.service@nellies.jp
http://www.nellies.jp

ブリッジラーニング
(Bridge Learning)
電話: 075-465-5058
Email: japan@bridgelearning.org
http://www.bridgelearning.org

ABAX ELT Publishers
電話: 044-813-2909
Email: sales@abax.co.jp
http://www.abax.co.jp

SEG Bookshop
(本書で紹介したすべての書籍を取り扱う多読図書専門店)
電話: 03-3366-5473
Email: bookshop@seg.co.jp
http://www.seg.co.jp/bookshop

古川昭夫

ふるかわ・あきお

中高生向け学習塾・科学的教育グループSEG主宰。1995年から、Direct Methodを取り入れた英語授業を模索、2002年から英語多読クラスを開講。SSS英語学習法研究会(現・SSS英語多読研究会)、日本多読学会を立ち上げ、英語多読の普及に努める。共著に『今日から読みます 英語100万語!』(日本実業出版社)、『100万語多読入門』(コスモピア)、『イギリスの小学校教科書で楽しく英語を学ぶ』『続・イギリスの小学校教科書で楽しく英語を学ぶ [社会・理科編]』『MANGAで楽しく英語を学ぶ』(以上、小学館)など。

小学館101新書 083

英語多読法
やさしい本で始めれば使える英語は必ず身につく

2010年6月6日 初版第1刷発行

著 者	古川昭夫
発行者	大澤 昇
発行所	株式会社小学館
	〒101-8001 東京都千代田区一ツ橋2-3-1
	電話 編集:03-3230-5169
	販売:03-5281-3555
装 幀	おおうちおさむ
印刷・製本	中央精版印刷株式会社

©Akio Furukawa 2010
Printed in Japan ISBN978-4-09-825083-7

造本には十分注意しておりますが、印刷、製本など製造上の不備がございましたら、「制作局コールセンター」(フリーダイヤル 0120-336-340)にご連絡ください。
(電話受付は土・日・祝日を除く9:30〜17:30)
®〈日本複写権センター委託出版物〉
本書を無断で複写(コピー)することは、著作権法上の例外を除き、禁じられています。
本書をコピーされる場合は、事前に日本複写権センター(JRRC)の許諾を受けてください。
(JRRC: http://www.jrrc.or.jp/ e-mail: info@jrrc.or.jp TEL 03-3401-2382)

小学館101新書 好評既刊ラインナップ

074 仏像図解新書
画・岩﨑隼　石井亜矢子

仏像の代表的な種類をほぼ網羅、見開きで各部位の特徴をわかりやすく図解し、専門用語も解説。種類別に名仏10選をコラムで紹介。

076 記者クラブ崩壊
新聞・テレビとの200日戦争

上杉 隆

現役大臣も外国人記者も激怒した記者クラブの実態とは？国民から知る権利を奪う新聞・テレビの暗部を明らかにし、世論を喚起する一冊。

077 前立腺ガン治療革命

藤野邦夫

前立腺ガンの根治や再発の可能性、生存率はどの治療法を選ぶかにかかっている。各治療法のメリット、デメリット、そして進行度別に最適な最新治療法を紹介。

078 イチローvs松井秀喜
相容れぬ2人の生き様

古内義明

21世紀の野球界における「相容れないヒーロー」である二人を、プレースタイル、生い立ちなどあらゆる点において比較し、人物像の違いを浮き彫りにします。

080 うちの店にはなぜ客がまた来るのか
老舗料理店サービスの極意

角 章

リピーター客を確実に取り込んでいる老舗料理店、「銀座寿司幸本店」「ダイニズテーブル」「金田中」「アピシウス」の4店がその秘密を初めて明かす。